CW01653884

0～6岁儿童游戏地图

给父母的陪玩陪学手册

云妈 著

中国妇女出版社

图书在版编目（CIP）数据

0～6岁儿童游戏地图：给父母的陪玩陪学手册 / 云妈著. -- 北京：中国妇女出版社，2019.10

ISBN 978-7-5127-1767-1

Ⅰ.①0… Ⅱ.①云… Ⅲ.①游戏课－学前教育－教学参考资料 Ⅳ.①G613.7

中国版本图书馆CIP数据核字（2019）第158553号

0～6岁儿童游戏地图——给父母的陪玩陪学手册

作　　者：云　妈　著
责任编辑：陈经慧
封面设计：尚世视觉
责任印制：王卫东
出版发行：中国妇女出版社
地　　址：北京市东城区史家胡同甲24号　　邮政编码：100010
电　　话：（010）65133160（发行部）　　65133161（邮购）
网　　址：www.womenbooks.cn
法律顾问：北京市道可特律师事务所
经　　销：各地新华书店
印　　刷：北京中科印刷有限公司
开　　本：165×235　1/16
印　　张：16.25
字　　数：260千字
版　　次：2019年10月第1版
印　　次：2019年10月第1次
书　　号：ISBN 978-7-5127-1767-1
定　　价：59.80元

版权所有·侵权必究　（如有印装错误，请与发行部联系）

序言

儿童在游戏中发展

几年前，我在微博上认识了云妈。当时她已经辞职，干起了“全职妈妈”这个全天候的工作。正是因为和女儿长时间的相处，让她常常思考：怎么陪孩子一起玩呢？所以她报考了中科院心理所在职硕士，重要目标就是学习儿童游戏，她的微博名字也叫“和孩子一起玩吧”。

这几年，云妈不改初衷，一直致力于儿童游戏的思考和实践。她不仅仅是写写公众号文章，而是脚踏实地，做了一期又一期的亲子营，广受好评。很多家庭从全国各地来到上海，在亲子营度过难忘的集体生活。我听说过几则故事，也读过一些妈妈写的关于参加亲子营之后自己和孩子发生的改变，很让人感动，也让人振奋！这些父母和孩子有缘经历亲子营，不经意间，人生也发生了一点改变呢。

现在，云妈要把她这几年的积累写成书，告诉更多的父母怎么陪孩子一起玩，形成一本父母陪玩、陪学宝典。

这本书可不是基于她个人经历的案例分享。云妈是中科院心理所的硕士，还在我的饭团课堂“从心理解孩子”沉浸了一年之久。这本书的理论扎根于发展心理学，把丰富有趣的游戏放在儿童发展的特点及其规律的框架中进行介绍和详细讲解。

游戏是儿童发展不可或缺的重要内容。一方面，游戏要与儿童的认知发展、社会化发展以及情绪发展相适应。也就是说，儿童需要具备一定的认知能力，经历一定的社交的发展以及情绪的发展，才能进行不同类型、不同阶段的游戏。所以，必须认识并了解儿童各方面的发展具备什么条件，这样才能陪孩子玩适合的游戏。另一方面，游戏会促进儿童的认知发展、社会化发展以及情绪发展。因为儿童的生活中充满了游戏，儿童通过游戏认识生活，获得经验。游戏对儿童各方面的发展有促进作用，这已经被很多研究所证实。

云妈的这本书，有发展心理学的理论作为指导，对各个年龄段儿童的特点进行分析，对应各个年龄段，设计了不同的游戏；对应不同学科的启蒙，也介绍适当的游戏。不仅如此，云妈有很丰富的陪玩经验，给父母提供了一些陪玩的锦囊妙计。最后，她还把父母常常发愁怎么选择琳琅满目的玩具这个问题给解决了。

建议父母不要割裂开书中的理论，仅从这本书找几个游戏来玩。游戏是好玩的，肯定也能有收获，但是这么做就有点“资源浪费”。希望父母首先要理解儿童的发展特点，理解在某个阶段，什么能力范围能允许儿童玩什么游戏，什么游戏能促进儿童的发展，希望父母能建立起这个完整的构架图。然后，根据自己孩子的特点、个性、喜好，可以从这本书学习一些游戏。当然，更要在这本书所介绍的游戏基础上，自己能有所创造，才是活学活用。

祝大家和孩子一起玩得快乐！

美国发展心理学博士陈忻

2019年6月于美国

自序

好好游戏，就是教育

陪女儿玩什么呢？这个问题曾经是我每天都要想的。

女儿排行老二，上头有一哥哥，兄妹俩相差8岁，所以我不是第一次当妈妈，但有了女儿后我成了全职妈妈，全天候24小时带宝宝是第一次。

我希望女儿健康、快乐、独立、自信、友善，有朋友不孤单，有好奇心不畏探索，希望她既能在运动场上挥洒汗水，也能在书桌前专注学习，希望她了解自己并懂得关爱自己与他人……

其实，这个期望不仅是对我自己的孩子，我还希望更多的孩子也拥有这样的品质。我能为此做些什么？我很好奇这个问题的答案，好奇大人的陪伴会如何影响孩子的成长。于是我进入中科院心理所，开始系统地学习发展与教育心理学，一边学习一边实践，在实践中观察、反思、调整。

儿童游戏是我最迫切想了解的领域，因为喜欢玩耍是孩子的天性。我想知道，从儿童心理学的视角有什么游戏会让孩子喜欢，而这些游戏又是如何帮助孩子发展的。这样，我就可以顺应孩子的天性去帮助他们成长，这岂不是家长最省力、最高效的陪伴方式？

得偿所愿，心理学打开了认知儿童发展的大门，让我看到了个体成长的普遍规律，看到了儿童游戏的全貌，这也是我最想收获的。因为具体的游戏数以万计，但是万变不离其宗，我想知道这个“宗”，然后由此推演变化出适合每个家庭、每个孩子的具体陪伴方案。这也是我在公众号上分享陪女儿玩耍的初衷。

本书的出版，让我的这份理想接近了现实。书中有很多具体的陪玩案例、观察反思以及图片展示，我希望借此能让它更通俗易懂。但是，我也希望读者的收获不要止步于此，因为这些具体的案例就像一棵一棵树木，我们还要看到“森林”——一张帮助孩子健康发展的成长地图。每个孩子都不一样，我家宝宝喜欢的某一个具体游戏不一定能得到你家宝宝的青睐，所以授之鱼不如授之渔。在这本书里，你不仅可以用显微镜查看每一处细节，更能俯瞰整个童年游戏的全貌，从而开拓出适合自己孩子的陪伴路线，然后去践行。

写这本书的念头萌生在8年前，那时候女儿刚出生不久，当我每天都琢磨怎么陪她玩的时候就想：“如果有这样一本书该多好——既告诉我怎么陪玩，又告诉我这样做的道理，还很通俗易懂。”于是萌生一个想法：“也许几年后我能写这样一本书呢？”后来，因为我在微博上的陪玩分享，5年前有出版社找到我，问我想不想出书。我说：“想，但是我的积累还不足以出书。”这之后，我一边在中科院心理所学习，一边组织线下读书会和亲子营。3年读书会、5年亲子营，我面对面深度接触了上百个家庭，在生动鲜活的人际互动中实践理论、设计游戏、观察儿童，构建完善亲子模式。

如今这本书真的面世了，我有很多感谢的话要说，没有你们，就没有这本书。首先，要感谢我亲子营和读书会的爸爸妈妈，感谢你们给予我最宝贵的信任，让我有机会和孩子们一起玩儿，亲眼看见他们的独特之处，这些经验让我在写作过程中牢记孩子与孩子之间的个体差异，尽可能做到内容的普适性。还有很多网友给了我真实又独特的输入和灵感，谢谢你们。记得女儿上小学二年级时无意读了我随手放在沙发上的书稿，其中那些网友们关于假装游戏案例的留言，直到现在还为她所津津乐道，觉得弟弟妹妹的玩法好有创意。在确定要写这本书之后，我问网友们对这本书的期望，很快收到上百条留言，其中一位网友不辞辛劳地写了1000多字。这些建议我打印出来一条一条仔细阅读，分门别类放入了相应的章节里。所以这本书不仅有我最初的初心，更饱含着大家的期望和智慧，谢谢你们。此外，还有毛豆豆（豆点妈）、Cicci、东华、钮钮妈妈、小笼包妈妈、CQQ、小禾姐、狄老师、月月妈妈、灰灰、俊青、小刺猬妈妈、星尘妈、萌、毛毛、富贵妈妈……请恕我不能一一列全，谢谢你们特别用心地试读书稿，给了我很多诚恳的建议。副书名也是广大粉丝集思广益并票选出来的。书中插图有些来自我亲子营的现场抓拍，特别感谢星星哥、柚子爸爸、灰灰、白糖、琳琳为我们留下这些难忘的瞬间。

有几位朋友，他们于我亦师亦友，在这本书从想法到实现的过程中给了我莫大的帮助，谢谢你们。当我迟迟下不定决心开始落笔时，是小土大橙子（育儿畅销书《婴幼儿睡眠全书》作者）“推”了我一把，让我迈出了关键的第一步；美国发展心理学博士陈忻老师（家教畅销书《养育的选择》作者）读完全稿后从心理学视角给我提了许多具体的修改意见，几乎每一条都在细节处，由此可见她的认真和严谨，让我特别感动；我的导师，中科院心理所研究员，儿童早期阅读与学习研究中心负责人、博士生导师，李甦老师，不仅带我走入心理学研究的大门，又鼓励我将实践和理论融会贯通在本书中；本书编辑，陈经慧老师，特别理解并支持我的理念，虽然我们身处不同城市，但是沟通特别好，在得知我想给本书附赠一个游戏卡片集合时，她特别努力地促成了这件事，并尽她所能兼顾我的想法和工艺成本。（游戏卡片尺寸为15cm × 10cm，我们已经为大家打好了孔，大家用一根短绳或圆环穿起来，就能随身携带，随时可用了。还可以自行购买一些空白卡片来扩充游戏内容。）

还有我的家人，我先生为了让我有更多写作时间，主动承担起家里的做饭任务，厨艺也因此一路飙升，让一家四口享受着不一样的爱心美食。先生给的这份实实在在的支持，让我特别感动。儿子和女儿看我在工作也尽量不来打扰。有时候餐桌上聊起我写作的内容，他们会说自己的想法，给我建议，给我鼓励。我戏称这本书是我家“老三”，确实，全家人对这“第三个孩子”都挺照顾的，谢谢你们。

读一本书的过程也是认识作者、与作者交谈的过程，希望我们的交流能给你我都带去新的提升，希望这本书能成为你育儿路上的左膀右臂。如有疏漏之处，望不吝指正。

云　妈

2019年8月于上海

目录

第一章

童年不能缺少游戏

第二章

0～6岁儿童的游戏地图

第三章

游戏如何支持儿童的发展

第四章

游戏如何支持儿童的学科学习

第五章

陪玩六大心诀

第六章

玩具选择指南

第一章

童年不能缺少游戏

01

儿童不是缩小版的成人，
他们需要在游戏中成长

在我的微信公众号和微博里，时常收到这样的询问：

“云妈，我儿子每次看到别人搭好的积木就一把推倒，这么爱搞破坏，以后可怎么办？”

“我家宝宝每次拿勺子，必须我递给她，换其他人就不行，固执得很！云妈，你有什么办法吗？”

“跟我儿子玩游戏从来都只能是他赢，输了就大哭大闹，好胜心特别强，我该怎么办呀！”

……

1岁半的宝宝看到积木就一把推倒，是爱搞破坏吗？

2岁多的孩子执着于某个固定流程就是固执吗？

3岁多的小朋友只能赢不能输就是好胜心强吗？

意识不到孩子和成人其实是两个不同的世界，这种情况在我们成年人当中非常常见。

于是，面对孩子出现的各种问题时，我们就会不假思索地用成人思维去套，却发现套不上，并由此心生焦虑。

以上询问的三个问题，答案都是“不”。为什么？因为儿童不是同学阿李、同事小张、隔壁老王。

当小婴儿呱呱落地，他对周围的一切都感到陌生，即便是妈妈说话的声音，也和在子宫里听起来不一样了。

他不知道有些东西可以吃，有些不能吃；他不知道勺子一撒手就会掉地上；他不知道饮水机按钮按下就会出热水；他不知道抽屉里能放东西；他不知道妈妈不喝奶瓶；他不知道沙发涂上颜料不好洗……

在儿童眼里，这个世界处处未知。他们充满好奇，身体力行地做了很多实验：12个月的他捡起地上的石子迅速塞进嘴里；15个月的他坐在餐椅上把餐盘里每样东西都往下“扔”；18个月的他趁人不备就去按饮水机上的按钮；21个月的他在家里翻箱倒柜，把抽屉里所有的东西全都拿出来铺满一地；24个月的他把自己的奶瓶作为生日礼物送给妈妈；30个月的他在妈妈昏睡过去的某个午后，安静地用水彩笔给沙发涂满了颜色……

父母一边眼疾手快地拦下危险并收拾残局，一边摇头叹气——现在的孩子不好带。

其实，每个年代的孩子都这样。

因为他们不是缩小版的成人，不是按下开关就能立即工作的电子产品，他们的“出厂配置”只有最基本的功能：呼吸、吸吮、哭、大小便……他们需要在成人创造的环境中“开发”出更多功能。

是的，环境。

一个人的成长不是由遗传基因单方面来决定，而是由遗传和环境共同作用。

环境作用有多大？又是如何表现？心理学家对此做了研究。以智力为例，如下图中所示的橙、蓝、灰三条曲线，这三条线可以理解为环境对智力影响存在的三种模式。纵轴是智力测验分数，横轴是环境特征。横轴最左边意味着环境给予孩子的刺激输入极度贫乏，最右边意味着环境给予孩子的刺激输入非常丰富。将每个点上三类模式智力测验分数做平均，然后画出第四条线，也就是综合均值线。

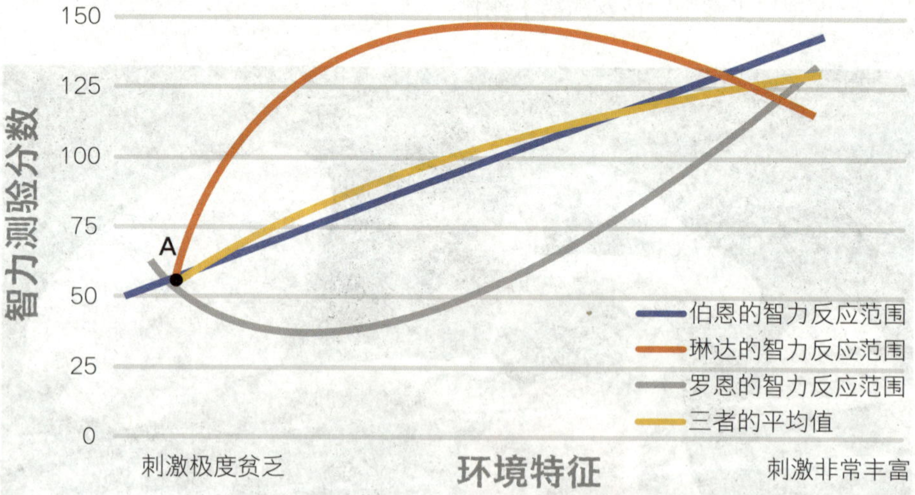

当环境刺激从贫乏向丰富过渡时智力反应的三类模式
图片来源《伯克毕生发展心理学》第四版

从三条曲线的形态看，环境变化对每一类孩子的智力都有影响，因为智力值不是恒定不变的水平线。再看平均线，三类模式的共性也很明显：随着环境刺激输入的丰富，群体平均智力是上升的。

这项研究结果对我们做父母有什么启发?

首先，要给孩子尽量丰富的成长环境。若环境贫乏，就算基因再好也发挥不出来，还真不是金子在哪里都能发出光，比如上图中A这个点。

其次，个体差异永远存在。图中这三条曲线的差别就不小，所以慎用“别人家孩子”来要求自己的孩子。孩子各有不同，有的智商高，有的情商高，有的艺术天分高，不要用一把尺子来测量所有人。

你一定会问，这个环境刺激输入包括什么？是教他“一加一等于二”吗?是教他识字吗？是带他去上早教班吗?

这些会是其中一部分，但绝不是全部，也不是精华所在。在这些刺激输入中，儿童最喜欢的输入形式是游戏。所以很多儿童教育学家、心理学家说，游戏是孩子的功课，游戏是孩子的工作，游戏就是孩子的生活。

9个月的他喜欢往嘴里塞各种东西，通过这些“品尝”，他感知到了软硬、冷热、大小，以及味道……

1岁多的他喜欢扔东西，家里各种球、积木、毛绒玩具，以及妈妈捡回来洗干净了的落叶，都被他扔过。由此他感知到重力的神奇魔力，以及东西掉在地上的声音大小、距离自己的远近、是不是会弹起来、是不是会在空中飘、会不会滚动……

2岁多的他对生活已经有了很多观察和记忆：爸爸做饭时先把菜切短，然后小心倒进锅里用锅铲炒；宝宝吃饭时，妈妈先把餐盘轻轻放在餐桌上，然后把勺子递给宝宝；宝宝躺下睡觉时，妈妈会给宝宝盖上被子，然后温柔地轻拍……他开始模仿这些动作，把家里的玩具锅铲、勺子、盘子、布娃娃、小被子摆出来，按照他观察到的动作顺序，一丝不苟、一遍一遍地做着。由此，他熟悉了生活中诸多流程，开始做爸爸妈妈的小帮手，懂得关心照顾他人……

3岁多的他，头脑中已经存入了不少事物的形态，开始想要自己动手制作东西。他把爸爸妈妈送给自己的积木、乐高、磁力片，还有自己去公园捡回来的树枝和石头倒在地上，一点一点拼出自己看到的或是想象中的物质世界。由此，他开始大胆想象创造，并渐渐发展出空间感……

4岁多的他在认知方面上了一个大台阶，出生时随身携带的“自我中心”慢慢消退，开始能理解一些桌游的游戏规则并遵守。在这些输输赢赢中渐渐认识到自己不会一直赢，别人也可能赢，并尝试慢慢调整情绪……

……

所以，1岁半的宝宝看到垒好的积木就一把推倒，是搞破坏吗？不是。他是在探索重力。2岁多的孩子执着于某个固定的流程就是固执吗？不是。他是在一遍一遍验证自己的经验。3岁多的小朋友只能赢不能输就是好胜心强吗？不是。那是因为他的自我中心尚未消退，很难从他人视角看待一件事，只看到自己想赢的这一面，看不到别人不想输的那一面。

> 童年的游戏活动给予孩子丰富的五感输入（视–听–触–嗅–味），给予孩子多种多样的体验。这些一手经验不仅让儿童认识自己、感知世界、渐渐成长，而且是他们未来接受学科教育的动力和基础，以及情绪社会化发展的重要基础，也是幸福感、想象力和创造力的源泉。

02

创造力和好奇心
是新时代的刚需

儿子小时候问我，世界上什么东西最有价值，我想了又想，给出的答案是创造力。无论是艺术领域的美妙音乐、惊人画作、辉煌建筑，还是科技世界里炫酷的数码IT、气势万钧的航天航海，每行每业的每一次进步，人类文明的每一点砖瓦，都有创造力闪耀其中。

如果说创造力在21世纪之前还是稀缺品，在当代中国正逐渐转变为必需品。20世纪90年代末，人们对电子商务的普遍态度是“三不”：不可靠、不看好、不使用。如今20年过去，互联网购物已经和吃饭睡觉一样稀松平常、不可或缺，因此催生了很多新兴职业，也摧垮了一大片线下经济实体。

如今，人工智能的到来意味着社会结构又将经历一轮巨变，无人驾驶汽车替代现有汽车，需要大量数据积累和记忆的职业，在未来可能逐渐被人工智能所替代。所以，未来唯一不变的是变化。

再过20年，当我们的孩子也进入了他们的职业生涯，又会出现什么技术变革呢？不知道。因此，如何帮助孩子去面对一个不确定的未来，就成了家庭教育、学校教育的重要课题。这也是我有了孩子以后经常思考的问题。

我无法给他们指明某个具体的方向，因为未来是他们自己的，方向需要他们自己在成长的道路上探索、发现、确定，我能做的就是努力帮孩子打造一个以不变应万变的地基，这个地基包含良好的人格特质、较强的学习能力、健康的体魄，以及创造力。可以说任何时代都需要前三个要素，而快速发展的当代，孩子仅有这三个要素还不够，因为他们要面对的变化和挑战将比我们这一代人多得多，需要创造力来帮助他们在多变的环境中快速反应，创造性地解决问题。

创造力不像学习成绩，没有我们熟知的途径去提升，更无法简单复制。它像一个无法圈笼豢养的精灵，需要自由的心境，在好奇探索中成长。对于低龄儿童来说，游戏正是打开这扇大门的金钥匙。

在游戏中，他们便有机会发现，画画不仅可以用颜料，还可以用花草、砖头甚至水；海绵可以用来当坐垫，还可以用来蘸水打水仗；沙子湿了可以堆城堡，干了可以做沙漏；杯子不仅可以装水，还可以作为乐器用筷子敲打——他们在游戏中不仅认识世界，还探寻发散出多种可能性，这便是创造力的核心成分——发散性思维。

而且，游戏带给孩子愉悦，是一种不需要父母担心坚持不下去的学习方式。不同的游戏让儿童的认知、社交和身体得到发展，使他们生理、心理健康成长，与此同时让个人兴趣和天赋逐渐显露。这便是未来他们发挥创造力的可能方向，由此成就独一无二的精彩人生。

基于创造力如此重要，在本书的第三章第四小节将深入探讨创造力的本质问题。下面，我们继续说说创造力的源泉——好奇心，以及游戏对于儿童好奇心的重要性。

漫画家朱德庸先生曾在一次演讲里提到自己童年的经历。小时候因为对昆虫好奇，他用一碗糖水在两个蚂蚁窝之间修了一条糖水路，然后观察两窝蚂蚁狭路相逢后会发生什么；还用老式打火机里的液态瓦斯速冻蜜蜂来尝试把它们蜇人的针拔出来。

这样的场景看着很熟悉。我儿子也曾洒糖水吸引蚂蚁来；对猪笼草怎么吃虫子特别感兴趣，但当时在上海的植物园里没找到，为此跑了海南几个植物园去找；女儿对生命的诞生特别好奇，生孩子戏码从5岁演到现在，还研究如何搭建医院急救室。

是的，每个孩子都有好奇心，与生俱来。不同的是，每个孩子的好奇心是不是被容许长大，是不是有机会长大，很大程度上依赖于他的成长环境。

如果成长环境不给孩子留白时间，不给孩子机会去探索头脑中的十万个为什么，甚至还贴上异想天开、幼稚可笑的标签，好奇心就难免被逐渐磨灭。

如果成长环境允许孩子在游戏中探索，他便有了机会去验证头脑中各种好奇的事物。比如，一次偶然的机会，摇铃从宝宝张开的小手中滑落下来，“啪嗒”应声落地，他顺着声音往下看，小脑瓜里产生疑问：“摇铃不是在自己手上吗？怎么到地上了呢？”又一次偶然的机会，宝宝搭在餐桌上的小手一松，手里的胡萝卜不见了！他把头探出去瞧了又瞧，哦，胡萝卜在地上！这让他很好奇，是不是每次手一松开，手里的东西就会掉到地上呢？

宝宝不确定，于是他挨个做实验：

勺子一撒手，掉地上了；
胡萝卜粒一撒手，掉地上了；
面条有点黏手，不过也会掉到地上；
……

通过这一系列的“扔东西游戏”，他感受到一股把物体拉向地面的神秘力量。

可是有天在公园里发生了一些奇怪的事。在公园门口，妈妈给宝宝买了一个气球，是超级飞侠形状的，他很喜欢，用手抓住绑气球的绳子，开心地挥舞着，“超级飞侠”也跟着摇摆起来。他伸出双手想去抱抱“超级飞侠”，可是手一松，“超级飞侠”嗖的一下飞走了！“哇！”宝宝大哭起来，朝着“超级飞侠”飞走的方向一路追赶，可气球越飞越高，怎么也追不上……

最后没办法，宝宝只好停下来，好不容易才止住了哭声。这时已经来到一片草地，宝宝发现地上有好多叶子，小手捡起来一片，捏啊捏，然后松开手，发现树叶没有像勺子那样直直地掉到地上，也没有像超级飞侠气球飞到天上去，而是在空中翻转着慢慢地飘落下来。啊，好有意思！宝宝又捡起来一片，他发现，又是这样翻滚着、飞舞着落到了地上。

一片又一片地捡起来落下去、捡起来落下去，他反复做着这个实验，宝宝感受到了另外一股神秘力量。它和之前的不一样，能让物体不往地上掉。多年以后，他从科普书和老师那里知道，第一个神秘力量是重力，第二个神秘力量是空气阻力。

后来，宝宝又做了很多很多次的观察探索，他发现，有的勺子掉到地上不会变形，有的勺子掉到地上却碎掉了；青菜掉到地上就不动了，勺子掉到地上会弹一下，然后很快停下来，但是小球掉到地上以后却越滚越远；有的球掉到水里会漂起来，有的球掉到水里却沉下去；勺子一半掉进水里后会变形……

在这些自由的游戏探索中，孩子们自发地张罗起各种各样的科学小实验，发展出朴素的科学观点。

你可能会说，这些科学知识上学以后都会学到，小时候不玩也没关系啊。但好奇心就像一颗种子，当孩子被允许游戏、被允许探索时，这颗种子就在游戏探索中开始生根发芽。众人惊叹它发出的嫩芽（知识/技能/经验），但其实，这只是收获的一小部分，埋在土壤中看不到的根系生长才更珍贵，因为它给予孩子持续向前的内驱力，给予孩子不墨守成规的探索精神和探索能力，孕育着他独一无二的创造力。这种造血式的生长模式，是输血式灌输模式的生长所没有的。

无论孩子未来职业选择是什么，强大的内驱力、探索精神和创造力不仅能让他们走得更长远，也能让他们的生活更有趣。所以，父母要将孩子的玩耍游戏当成他对世界的宝贵探索，要允许并创造机会让孩子玩。

03

和孩子玩儿，是往亲子关系账户里存“钱”的最佳方式

“我也要去！”

这句话是我女儿3岁以后，持续了很长一段时间的口头禅。每次我出门她都会问：“妈妈，你去哪儿？”每次我都认真回答，但无论我答案是什么，她都紧跟一句：“我也要去！”

一般我都会尽量带着她，但有时真不方便，可说了一箩筐好话她还是不撒手。有一次，我灵机一动，把我们平时玩的假装游戏搬出来，忽然间我就变成了她：

“妈妈，我也要去！”我蹲下来，抬起头用祈求的眼神望着她。

“你不能去。”她秒变妈妈，沉着中带着一丝笑意。

“呜呜呜……我要去！”我哭了起来。

“那好吧，我们走吧！”“小妈妈”温柔地拉我起身。

说完这几句，我们不约而同地哈哈大笑。

在游戏中，她像照镜子一样看到了自己的样子，体验了妈妈的处境，唤醒了平时和妈妈游戏时的开心，于是她心里担心少了、力量多了，最终愿意放手让我暂时离开一下。

这个互换角色的假装游戏我们玩了很多次，以致有时候她习惯性说出“我也要去”四个字之后，自己就笑了。

还有一次，女儿吵着要爸爸陪睡，按理说这是我求之不得的放松机会，但奈何爸爸正在开电话会议走不开，我虽然被嫌弃，也只能硬着头皮上：

“妈妈陪你吧，爸爸还在工作呢。”

“不要！”

“那你陪妈妈睡好不好？”

……（宝宝懵呆呆地看着我，不说话。）

“妈妈，你陪我睡嘛！”看她的表情好像有商量的余地，我立刻蹲下假装哭起来。

“你哭吧！”女儿咯咯咯咯地乐起来。

“呜呜呜……”我很配合地继续哭。

“咯咯咯咯……”她继续笑。

“那你陪我睡吧？”

“好的！”

我被她逗笑了，心想：你陪我，我陪你，有区别吗？

这里也是假装游戏，在幽默诙谐的氛围中，她先是放松下来，情绪由不开心转为愉悦，然后发现自己还手握大权，于是决定给妈妈一个机会。

前两个案例都直接用到了游戏，接下来这个案例中没有游戏。

有一天，幼儿园放学后女儿要去水果店买龙眼，我同意了。水果店附近有摇摇车，她经常玩儿。但那天我特别累，不想在外面再多待一分钟。

“好久没坐摇摇车了。”她说。

“今天不坐了，妈妈很累，想快点儿回家。”

“噢，那好吧。”

“买完龙眼会不会又说要坐摇摇车？”

“不会的！”

她也信守承诺，买完龙眼我们就走了。

我很欣慰她能在我需要照顾的时候体谅我，也很欣慰我们的亲子关系在用心陪玩和平等沟通下是互相喜欢又彼此尊重的。

我先生在陪孩子玩方面很有天赋，虽然没系统地学过儿童游戏的章法，但是假装游戏玩得很溜。女儿两三岁时，有时候饭前不肯洗手，他就拿起电话装模作样地找人帮忙：“喂，K博士吗，你好你好，忙不忙呀，我们这里有个小朋友有点儿脏呀……”小朋友立刻瞪大了眼睛，当爸爸转述完K博士必须立刻洗手的权威意见时，她嬉笑着去执行了。之后没少麻烦这个“K博士”，爸爸的“戏精”天分也得到了充分发挥。后来“虚拟部队”又增加了好几个，不管是要逗乐，还是安慰，或者是要吓唬人，总有一款适合娃。

还有一个特别简便又拉近亲子关系的玩法：记同学名字。女儿上幼儿园的时候，大部分时候是跟着妈妈，偶尔爸爸带娃就有些搞不定。后来他灵机一动，记下一些她班上同学的名字，然后张口就是妞妞有没有哭呀，朵朵有没有大便在裤子里呀，一副对幼儿园特别熟的派头。这下小朋友精神头就来了，呱呱呱地说个不停。后来发展到比赛看谁记住的名字多，为此她爸爸特别把班级通讯录来来回回背了几遍。一直到了上小学二年级，两人偶尔还比比幼儿园的同学名字谁记得多。我们之间也因此拥有了更多的共同话题和回忆。

一些父母直到孩子进入青春期才意识到亲子关系的重要性。当孩子放学回家门一关，吃完饭又是门一关，一整天说不上几句话，父母这才发现，孩子和自己有话说是多么珍贵。在这样的亲子关系中，父母很难从孩子嘴里了解到他们的学习生活近况，更别提他们心里在想什么。

亲子关系就像一个存钱罐，每一次开怀大笑，每一个真情拥抱，每一次心与心的交流都是往罐子里“存钱”；而每一次冲突伤害，每一次冷漠离去，每一次无话可说，则是从罐子里“取钱”。

童年期是“存钱”的大好时机，因为生理上的弱小，孩子对父母有着天然的信任依赖，更容易开心满足。青春期的孩子则很难被取悦，一方面因为他们生理上接近成人，心理上又接近儿童，内心矛盾冲突非常大；另一方面，这个阶段自我意识达到巅峰，喜欢亲近同伴而疏远父母，所以这个时期很难“存钱”，以“取钱”为主。童年时期拥有良好的亲子关系的孩子，青春期基本能平缓过渡；相反，童年时期没有良好的亲子关系的，青春期轻则不沟通、少沟通，严重的还会出现一些极端行为。

那如何在童年期往存钱罐里“存钱”呢？

和孩子玩儿、聊天，给孩子读书讲故事，带孩子去旅行，都是“存钱”的好方式。

而游戏对儿童来说，是他们生活的重心，所以和孩子一起玩儿，一起游戏，便成了亲子关系存钱储蓄的最佳载体。

若时机、形式恰当，青春期也能存钱，比如我上中学的儿子，偶尔我会假装是他，学他的样子，不着痕迹地从客厅拿起手机，然后猫在房间里悄悄玩，我的语气、神情诙谐幽默而非责骂，所以他不但没生气，反而笑哈哈地把手机拿出房间开始学习。这招对低龄小朋友比较安全，比如这节开头的两个案例，但对青春期孩子属于险招，若演技不够很容易“擦枪走火”，所以谨慎模仿。青春期比较稳妥的“存钱”方式是茶话会，一家人围坐一桌，边吃边聊，在轻松的氛围下，小少年桀骜不驯的心渐渐向父母开放。茶话会怎么开？我会在第五章讲到。

第二章

0～6岁儿童的游戏地图

01

心理学家眼中的
儿童游戏

女儿8个多月时我辞职回家全职带娃。离开工作十多年的公司，从职场到家庭，虽有不舍，但更多是开心。那会儿正是春暖花开，我推着童车带女儿去公园晒太阳，时不时停下来和她说说话，捡起一片树叶或花瓣给她摸一摸，感觉每一天都新鲜美好。

过了一段随性的日子，多年的职场习惯开始提醒我，工作需要规划，带娃也一样。因为随着女儿一天天长大，一个急需解决的问题摆在面前：

陪她做些什么呢？玩些什么呢？

光焦虑没有用，只有行动才能解决问题。我把书柜里和儿童游戏相关的心理学书籍找出来研究学习，想看看心理学家们怎么看待儿童游戏与儿童发展。

女儿两岁左右时自媒体兴起，各种陪孩子玩的方法，通过文字、图片、视频等开始广泛传播。这一方面得使信息获取变得空前容易，另一方面也让信息、筛选迫在眉睫。有一次收到朋友发的一个陪孩子玩的链接，里面展示了把纸箱铺在楼梯上变成一个滑滑梯，还用纸箱做成漂亮的迷你橱柜，精美的实物照片加上小朋友们欢乐的笑容，非常吸引人。我看完决定试试，不过首先打消了滑滑梯的念想，因为家里没楼梯。接下来试试纸箱DIY，尝试之后才发现纸箱与纸箱也是千差万别。友情提示一下，如果有人建议你用快递纸箱给宝宝做迷你橱柜，不要采纳。为什么？因为快递纸箱普遍很软，加上运输途中磕磕碰碰，卫生状况且不说，软塌塌基本不可用。后来我从网上买了两个五层加厚搬家用的全新大纸箱，才把“小厨房”搭起来。

所以眼见为实还不够，动手做了才知道。但陪玩案例海量，谁有精力挨个尝试？而且尝试了的，孩子也不是个个都买账。更重要的是，孩子的成长速度很快，如何快速找到最全面、最适合孩子现阶段的游戏，就成为自媒体时代的新课题。

此时就需要理论框架了。

《伯克毕生发展心理学》是美国大学发展心理学这门课程普遍采用的教材，书中将人的发展分成三大块：身体发育、认知、情绪和社会化。

我们将这三块比喻成一棵大树的三个枝干，若没有理论框架指引，一个一个游戏实例就像散落的树叶，可能挂满这三个枝干，变成一棵均衡发展的树，但也很可能是一枝繁盛，其他枝头寥寥无几。

心理学对儿童游戏有两个分类角度：认知和社会化。上面讲人的发展有三大块，那儿童游戏为什么没有身体发育这个视角呢？

在展开阐述两个游戏分类之前，让我们先了解一下可开发性（canalization）这个概念，它描述的是人类各种行为发展的可能性，比如，会走路的可能性，会唱歌的可能性，会玩魔方的可能性。某种行为的可开发性强，意味着人类形成这种行为的可能性大。婴儿从翻、爬、坐、立到行、走、跑、跳等身体动作，无论环境如何，基本都能发展出这些行为，除非是有强大的环境干扰，比如疾病。所以，身体发育的可开发性强。

相比之下，认知和社会化的可开发性则比较低。智力和人格的发展受环境影响较大，所以心理学主要从认知和社会化两个角度来剖析儿童游戏。另外，身体运动类的游戏如篮球、足球、舞蹈、击剑等，每一种运动都各自有其专项知识，大家若需要，可以寻求更有针对性的指导。基于这两点，本书就不对身体运动类游戏做深入展开了。

从认知角度看，儿童游戏有以下五种，它们有的帮助孩子认知客观世界，有的帮助孩子认知人类社会群体。

探索游戏

起始年龄：从出生开始

特点：反复操作单个物体，对其尝试多种动作。从新生儿无论遇到什么刺激，总是以相同的方式吸吮、抓握等无条件反射开始，婴儿逐渐发展出更多的动作。例如，拿着勺子咬一咬、敲一敲、摇一摇、扔一扔等。然后再发展到对不同物体采取不同动作，呈现出对物体的典型操作模式有了认知，如对小汽车的动作是推一推，看见按钮按一按，摸到把手转一转。

关系游戏

起始年龄：9个月

特点：反复操作两件或两件以上的物品，将它们联系起来。关系游戏相比探索游戏前进了一步，宝宝开始能将两件物品联系在一起，例如，把小球卡在衣架上，吸管插进蒸锅洞洞里，小人放进小汽车里，毛巾盖在娃娃身上等。通过这些游戏，他能够知道一些物品的典型特征和典型用途，如用小汽车运输，用杯子盛水，用毛巾来遮盖。

假装游戏

起始年龄：18个月

特点：儿童假装是某人，或假装在做什么事。最初形式很简单，比如拿起勺子假装在炒菜，连贯动作较少，无他人合作配合；后来发展到复杂的角色扮演，多人合作，或一人分饰多角，呈现一段故事。

建构游戏

起始年龄：3岁

特点：儿童有目的、有计划地运用游戏材料，搭建出呈现一定结构样式的作品，并赋予它名称。真正的建构一般从3岁开始，2～3岁是一个萌芽期。在建构游戏中，儿童体验到自我创造的快乐，如搭积木、捏黏土、用废旧材料做手工，这些都是建构游戏。

规则游戏

起始年龄：4岁

特点：两个或两个以上的儿童在一起按照预先规定好的游戏规则进行游戏。这是游戏发展的最高阶段。

认知角度这五种游戏的年龄阶段和主要特点汇总如下表所示。

认知角度的游戏类型	起始年龄	主要特点	发展的能力
探索游戏	从出生开始	反复操作单个物体，对其尝试多种动作	认知身边物品特征 熟练控制身体动作
关系游戏	9个月	反复操作两件或以上的物品，将它们联系起来	认知身边物品特征和相互关系 熟练控制身体动作
假装游戏	18个月	儿童假装是某人，或假装在做什么事	团队合作/社交/想象/创造 认知社会角色/社会活动/语言表达/情绪表达/场景搭建
建构游戏	3岁	儿童有目的、有计划地运用游戏材料，搭建出呈现一定结构样式的作品，并赋予它名称	创造力/想象力 精细动作发展 几何与空间感/数与计算
规则游戏	4岁	两个或两个以上儿童在一起按照预先规定好的游戏规则来进行	专注/记忆/逻辑思维 情绪管理/团队合作/共情 亲子联结

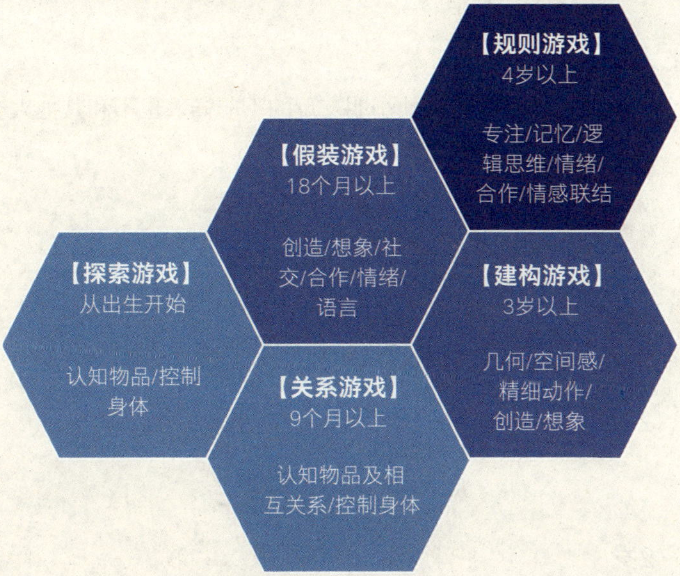

认知角度的儿童游戏地图

从社会化程度的角度，儿童游戏有六种。

米尔德莱德·帕顿（Mildred Parten，1932）最早观察了5岁以下儿童与同伴交往的情况，她发现，随着年龄增长，儿童的联合游戏和互动游戏显著增多。她据此推测，社会性发展分三个阶段依次展开，最初是非社交活动，像无所事事、旁观游戏、单独游戏等，然后逐渐发展为平行游戏、联合游戏、合作游戏。

无所事事游戏

起始年龄：从出生开始

特点：东游西逛，遇到什么玩什么，行为缺乏目标。

单独游戏

起始年龄：从出生开始

特点：一个人单独玩，和身边其他小朋友玩的不一样，也不和其他人交流。

旁观游戏

起始年龄：1岁

特点：看别人玩，但不介入游戏。偶尔和他人交流。

平行游戏

起始年龄：2岁

特点：和身边其他小朋友玩相似的游戏，但是各玩各的，不交流。3～4岁仍以平行游戏为主。

联合游戏

起始年龄：3岁

特点：和身边的其他小朋友玩相似的游戏，不一定完全相同，偶尔因为游戏材料而有交流，或是自发地相互配合，但没有分工。一个人的退出，不会影响其他人继续游戏。

合作游戏

起始年龄：4岁

特点：是社会化程度最高的游戏，儿童在游戏中有明确的分工和合作，各自按角色去完成任务。4岁开始萌发，5～6岁进入较多合作状态。

社会化角度这六种游戏的年龄阶段和主要特点汇总如下表所示。

社会化角度的游戏类型	起始年龄	主要特点	社会化程度
无所事事游戏	从出生开始	遇到什么玩什么，行为缺乏目标。	低
单独游戏	从出生开始	单独玩，和身边的其他小朋友玩的不一样，互相无交流。	低
旁观游戏	1岁	看别人玩，但不介入游戏。偶尔和他人交流。	低
平行游戏	2岁	玩相似的游戏，但是各玩各的，不交流。3～4岁仍以此游戏形态为主。	中
联合游戏	3岁	玩相似的游戏，不一定完全相同，偶尔因为游戏材料而有交流，或是自发地相互配合，但没有分工。	较高
合作游戏	4岁	是社会化程度最高的游戏，儿童在游戏中有明确的分工和合作，各自按角色去完成任务。5～6岁集中出现。	高

社会化角度的儿童游戏地图

认知和社会化这两种分类是两个维度，可以同时来描述一个游戏，比如我们观察到几个孩子在玩建构，我们可以根据社会化程度不同来描述：平行的建构游戏、合作的建构游戏。

02

0～2岁必不可少的

探索玩物游戏

成人认识新事物的方式有多种，语言、文字、图片、亲身体验等。但对尚未掌握人类文明的婴幼儿来说，他们只能采用最原始、最直接的方式：亲身体验。

心理学家皮亚杰将人的认知发展分为四个阶段，其中第一阶段0～2岁被他定义为感知运动阶段。

何为感知运动？

宝宝面前摆着三件物品：小汽车、剥了皮的香蕉、摇铃。宝宝不懂这些命名，也不了解它们的特性，偶然的一个机会，宝宝的小手一挥，碰到了这些物品。

三件物品在小手的动作下产生了三种结果：

小汽车往前滑走了；

剥了皮的香蕉黏在宝宝手上；

摇铃丁零丁零响了。

相同的动作、不同的结果，宝宝感知到这三样物品的诸多不同，并借由这些具体的“动作—结果”以及手、眼、耳、鼻所感知，渐渐了解到多种事物的特征，发展出有目的、有计划的动作行为模式。

这就是感知运动，婴幼儿做出动作，并感知动作所产生的结果，通过这些亲身体验来认识世界。

相应地，这个阶段的儿童游戏以探索游戏和关系游戏为主，因为这两类游戏的核心要素就是感知运动。运动是感知的基础，感知是运动的目的。

探索游戏中婴幼儿反复操作单个物体，对其尝试多种动作，探索其特征，比如小车会滑走，摇铃会响，香蕉会黏手等。关系游戏是婴幼儿反复操作两件或以上的物品，将它们联系起来，比如勺子可以舀起豆子，玩偶可以坐进小沙发，小木球可以漂在水上等。关系游戏比探索游戏更进一步，出现时间会稍晚一些。

探索游戏的典型特征为：

- 对单一物体进行反复操作。
- 最初对所有物品都先采用同样的动作进行试探、探索，如摇、扔、捅、推、拉、敲、翻、转等。
- 随着感知经验增多，不同特征的物体会采用相应不同的动作（图式），如推车、扔球、按按钮、转把手等。

关系性游戏的典型特征为：

●反复操作两件或以上的物品，将它们联系起来，如把吸管插进瓶子里，人偶放进小汽车里，毛巾盖在娃娃身上等（通过这些游戏，宝宝知道一些物品的典型特征和典型用途，如用小汽车运输，用杯子盛水，用毛巾来遮盖）。

●知道一些物品的典型用法，如用勺子舀东西，用铲子铲沙，用碗盛饭等。

0~2岁这个阶段，宝宝几乎一天一个变化，这里细分为三个阶段。

0～12个月

初生婴儿尚无主动探索能力，他们靠先天自带的无条件反射来适应环境，包括吸吮反射、吞咽反射、握持反射、拥抱反射，以及哭叫、视听等动作。经过反反复复的练习，这些先天反射得到发展和协调。在此基础上，婴儿逐渐发展出新的动作，比如手不断抓握放开，目光追随运动的物体，寻找声源等。

到4个月左右，婴儿手眼间协调已有较好发展，能有目的地伸手抓住眼睛正在注视的物体。这是婴儿迈出的重要一步。从此，他的探索变得越来越主动，探索范围也越来越广。他的动作作用于物体，物体产生反应，他注意到这个因果关系，于是继续尝试，又获得新的发现。儿童对世界的探索便由此而打开。

0～12个月还有两个重要的动作特征：一是爬行，二是口唇探索。

相应地，宝宝准备探索环境时就要重点关注这三点：

- 环境适合爬行，要在平缓无尖锐边角的较大区域爬行。
- 爬行范围内的物品必须安全、卫生，确保能随时接受宝宝放进嘴巴。
- 爬行范围内的物品大小以不能被宝宝吞食为标准。这个标准在美国玩具检测标准ASTMF-11做了明确规定，禁止三岁以下儿童使用的物品含有小零件。小零件规格尺寸由《美国联邦法规》16CFR1501定义。我国玩具检测也参考这个标准。详见下图。

我用硬卡纸做了这样一个套管，如下图所示，用一般积木里的小圆柱体放进去测试，不能完全塞进去，会露出一截。

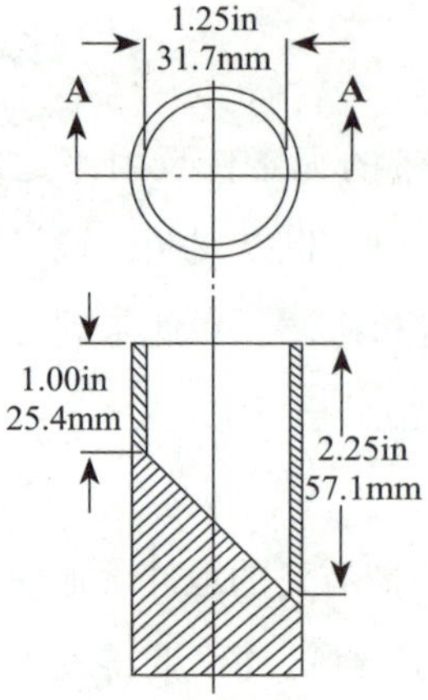

小零件规格尺寸标准

不过大家在日常判断时不用这么麻烦，教大家两个简便的方法。

简便方法一：将卷尺的开端（0cm处）折到10cm处，形成的圆圈直径就是这个小零件检测器的开口大小。

简便方法二：如右侧图所示，拿出一张A4纸，将宽边对折（21cm的宽度对折变成了10.5cm），然后卷成一个圆筒，这个圆筒的直径基本就是这个小零件检测器的开口大小。

为什么可以这样简便地判断？就是因为小零件检测器的开口直径为3.17cm，那么其周长就是9.96cm，也就是说，小零件检测器的周长约等于10cm。

综上所述，0～12个月宝宝的探索游戏环境可以用爬行垫、围栏来完成基本搭建，再配以尺寸较大没有吞食危险的物品给宝宝探索。探索物品可以参考下表（仅列出部分动作作为范例，其他可自己补充）。

探索动作	典型玩具举例	日常物品替代举例
看	黑白/彩色卡片	黑白系/彩色系纸板书
咬	牙胶	胡萝卜棒
摇	摇铃、铃铛	密封瓶+黄豆绿豆
扔	直径10cm ~ 15cm的软球	袜子包（袜子+填充）、塑料瓶
推	木质玩具车	塑料杯子
敲	小鼓	锅
翻	布书	日历
捅	形状配对桶	鞋盒上戳个洞
爬	小滑梯	沙发靠枕
站	学步车	沙发、矮桌
钻	家用儿童隧道	纸箱、椅子、桌子

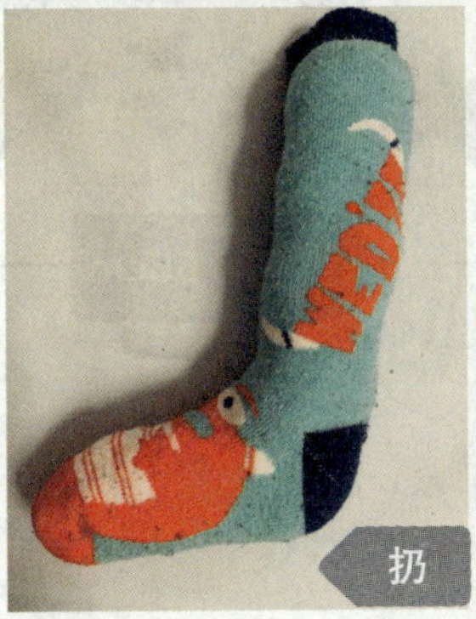

12～18个月

口唇探索会延续到18个月才会基本结束。这是该年龄阶段的正常现象，不必刻意纠正，会随着年龄增长孩子的发展而消失。因为紧张焦虑或其他原因，有的宝宝会持续到3岁，甚至更长。

与此同时，宝宝从跌跌撞撞地行走发展到稳定地行走，一般也要到18个月。

也就是说，12～18个月的宝宝在探索方面有两个重要特点要关注：物品还会放嘴里、步态不稳。与此相对应，宝宝的游戏环境创设要特别注意两点。

- 有可以依靠扶站的支撑点，如高度50cm左右的矮柜、矮桌、长条凳，以它形成一个游戏角，玩具相对固定地集中放置于此，且一目了然易于取放。这个高度一方面帮助宝宝站立行走，另一方面适合宝宝自己取放玩具物品、自由探索，而不必总是借助于陪伴者的帮助。下图是我为女儿创设的游戏角（重新拍摄的还原图），这个游戏角创设之后，女儿的小伙伴们每次来我们家都会主动到这里玩耍，完全不需要引导，至今仍然如此，虽然他们已能奔跑。

- 玩具物品的大小尺寸以不能被吞食为准则。如果有小颗粒的物品，陪伴的成人一定要在一旁集中注意力观察宝宝的动作行为，防止发生意外。

12～18个月，宝宝在这个阶段会很沉迷于对单一物体或两件物品做重复性的动作探索，探索游戏和关系游戏玩得都比较多。例如，某段时间内对各种物品都采取扔的方式，一样一样从柜子里拿出来扔地上，或者不厌其烦地把东西装进盒子里，然后又一个一个拿出来。当我们了解到这个阶段的宝宝正是通过这种动作尝试来学习，就不会将他们的行为定义为“捣蛋”而进行制止。相应地，不能扔的物品、危险物品要放到宝宝够不到的地方。

所以，这个阶段爸爸妈妈应该做的就是允许宝宝“翻箱倒柜”，允许宝宝东摸摸、西丢丢。家长只需将各种安全的物品放在宝宝能触及的范围内，宝宝便会在这过程中探索操作、发展感知觉、认识环境。而随着这些动作的探索完成，集中性“扔”东西的行为也会逐渐消失。

游戏物品可以在0～12个月的基础上配一些物品来让物品之间产生联系。

探索动作	典型玩具举例	日常物品替代举例	可搭配物品举例
看	黑白/彩色卡片	黑白系/彩色系纸板书	书盒
咬	牙胶	胡萝卜棒	餐盘
摇	摇铃、铃铛	密封瓶+黄豆绿豆	绳子
扔	直径10cm～15cm软球	袜子包（袜子+填充）、塑料瓶	筐、盒
推	木质玩具车	塑料杯子	人偶、毛绒熊
敲	小鼓	锅	棍子
翻	布书	日历	书架
捅	形状配对桶	鞋盒上戳个洞	完好的丝巾
爬	小滑梯	沙发靠枕	球
站	学步车	沙发、矮桌	铃铛
钻	家用儿童隧道	纸箱、椅子、桌子	枕头

18～24个月

宝宝行走得很稳了，对生活环境里常见物品的典型使用也已有认知，手指精细动作的发展、口唇探索的结束，使得更多的物品可以成为宝宝的玩具。这个阶段关系游戏会更显著。

给宝宝一些小工具，生活中的常见材料就会让他玩得很专注，乐趣无穷。比如，各种球，可以让球直接在地上滚弹，发声撞击，还可以配上圆筒（当作球的隧道）、袋子（触摸球）、碗（球在碗中转圈）、手帕（藏球），多种玩法让宝宝百玩不厌。

各种小颗粒物品，如黄豆、棋子、米粒等也有很多种玩法：碗（装/倒/转圈）、小勺（舀）、盒子（来回滑/分拣）、瓶子（装/拧/摇/发声）、小球（藏）。

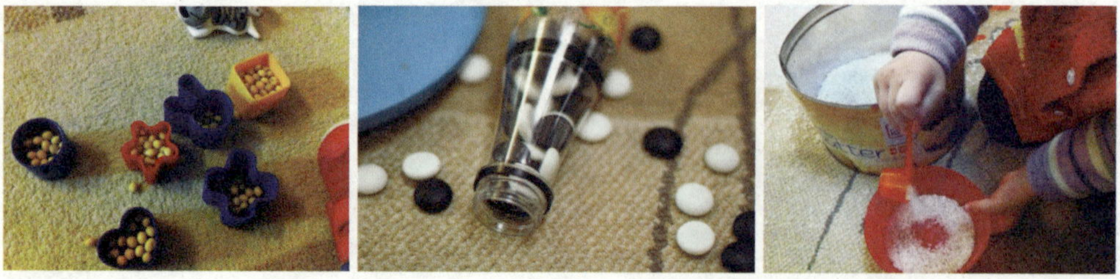

各种自然界物品，例如，果子/树叶等的玩法：篮子（装/拎/去买菜）、大勺（炒菜）、瓶子（装/拧/摇）、做小船等。

水：杯/碗（装/倒）、水壶（装/倒/浇）、小球/树叶（漂浮）、渔网（捞）……

沙：铲子（铲）、碗/桶（装/盖）、树枝（画画/种树）、石子（藏）……

03

1岁半，开始痴迷假装游戏

这是一种被大多数父母忽视的游戏；是一款潜能无限，但假以时日才能大放异彩的游戏；也是我女儿个性从害羞变得大方，让她最受益的游戏；还是她上小学后对语文帮助极大的游戏；更是美国学前教育专家薇薇安·嘉辛·佩利（Vivian Gussin Paley）出版图书来传播介绍的游戏。

假装游戏，是指儿童假装某人，或假装在做某事。游戏的最初形式很简单，比如，孩子拿起勺子假装在炒菜，连贯动作较少，无他人合作配合；后来发展到复杂的角色扮演，多人合作，或一人分饰多角，呈现一段故事。

大家经常听说的过家家，即属于假装游戏。

宝宝从1岁半开始出现玩假装游戏的意愿，此时宝宝对生活日常已经有了不少观察和记忆，他们开始模仿、扮演，比如，把家里的布娃娃、小毯子、玩具锅铲、勺子、盘子摆出来，按照他观察到的动作顺序，一丝不苟、一遍一遍地演练着。5～6岁时进入游戏高峰期，占到同时段所有游戏的百分之六七十。同伴间合作扮演在5岁时达到顶峰。

从1岁半到6岁，假装游戏又可细分为三个阶段。我曾在我的微博上征询大家对假装游戏的观察记录，下面我将收集到的结果按照年龄段一一呈现，并归纳出各个阶段的典型特征，以及各个阶段父母可以给予孩子的支持。

1.5~2.5岁

家长的观察

1岁6个月女孩：我闺女从1岁半到3岁，非常沉迷于过家家。假扮的角色有妈妈、医生、护士、消防员、警察、老师、动画片角色等，我跟她爸爸被她安排扮演病人、学生、孩子……每天都生活在她安排好的各种场景里面。对了，她还有两个假想的朋友。（网友A）

1岁10个月女孩：我家从1岁9个月左右就开始过家家，刚开始最爱的游戏就是给“妹妹”喂奶，给小动物盖被子睡觉。现在1岁10个月了，开始爱上“做饭”，而且每次游戏还念念有词：“这是米饭”“这是肉肉”“妈妈吃点吧”。（网友B）

2岁2个月女孩：爸爸装睡，她把干的尿不湿罩在爸爸脸上，还把爸爸的手上脚上盖上餐巾纸，跟我们说爸爸生病了。一大早起来，就在“烧菜烧饭”，喊我吃，还拿着拼图的底板当电视机，拉着我一起“看电视”。（网友C）

2岁3个月男孩：喜欢把靠垫、枕头放在地板上围一圈，假装自己坐在驾驶位，妈妈坐副驾驶，爸爸自己要求坐车顶（枕头圈外面），然后开车到公园去捞小蝌蚪，中途妈妈会要求“司机”停车，下车吃点东西。（网友D）

2岁6个月男孩：每天早上起来抱着他的小娃娃，撩起衣服把小娃娃放在胸口吃奶。（网友E）

2岁6个月女孩：她让我玩玩具，然后自己去给我煮各种各样的饭，假装去买菜，还会给我打针、喂药。（网友F）

2岁6个月女孩：我们家宝宝两岁半的时候，喜欢盘腿坐，把兔兔抱在怀里或者让兔兔坐在她的腿上，给它读书。书本上的内容她可以一字不差地背下来，还有表情以及声调变化，简直可爱极了。还有带兔兔坐车啊，给它盖

被子睡觉啊，喂兔兔吃东西啊，各种行为。现在3岁多，依旧超爱玩这类游戏。（网友G）

1.5~2.5岁玩假装游戏的典型特征

- 多为独自扮演，偶有合作。
- 角色多为扮演爸爸妈妈，内容贴近宝宝日常生活的情景再现，受青睐程度从高到低依次是：喂奶、做饭、睡觉、给宝宝读书、打针、吃药、开汽车。
- 动作为主，少有情节。刚刚经历探索游戏高峰期的宝宝们掌握了不少生活用品的典型用途，再结合观察到的人际互动，便有了最简单的扮演。
- 一般由三四个连贯动作构成，比如：撩起衣服→抱过“宝宝”→对准“乳头”；拿起锅铲→伸向锅里→炒；放下“宝宝”→拿起被子→盖在“宝宝”身上。
- 游戏道具较为逼真。

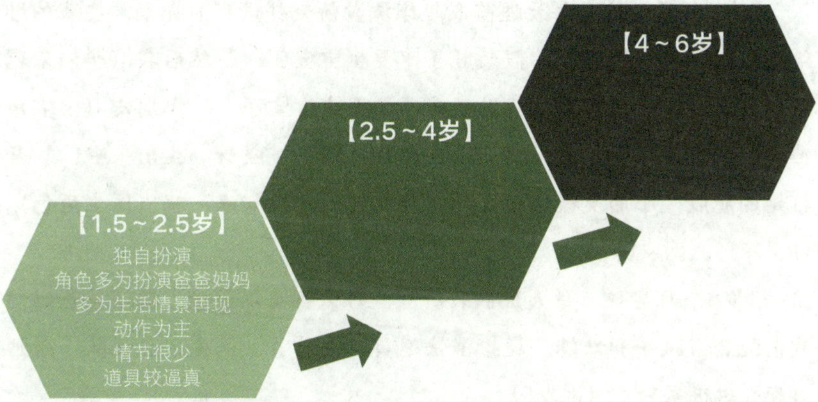

家长可以给予的支持

给宝宝准备一些贴近日常生活的逼真玩具，激发他们扮演，比如：喂奶需要的奶瓶、娃娃；做饭需要的仿真锅铲、食物、塑料刀、塑料碗、勺；睡觉需要的毛绒玩具、小毯子、小床、枕头；看病需要的针管、体温计、杯子、勺子；开汽车需要的靠垫、枕头、方向盘。

2.5～4岁

家长的观察

2岁10个月男孩：最爱当厨师，一直以来厨师的地位都没有被撼动过，就算最近迷上了救护车，也是救各种动物回医院，然后熬药给他们吃。（网友A）

3岁男孩：从小就天天玩锅碗瓢盆，爱玩过家家，上幼儿园后，一放学回家他就扮演他最喜欢的那个老师，我和奶奶被安排扮演其他两位老师。（网友B）

3岁3个月女孩：把各种娃娃排成一排，给它们盖被子，哄它们睡觉，或者跟我拿着玩具杯子、水壶假装喝茶。（网友C）

3岁6个月男孩：抱着小猴子说“小猴子总是让他抱着，都多大了还让抱着”。让两个变形金刚玩具在一起战斗，宝宝还给它们配音。（网友D）

3岁6个月女孩：每天睡前或起床洗漱前会扑进我的怀里，在我的肚子前缩成一团说：“妈妈，你假装肚子疼要生宝宝了。”然后我（孕妇角色）假装使劲儿，说：“医生，我肚子疼，我要生宝宝了。”小朋友（宝宝角色）伸展腿脚滚到床上趴着。我（医生角色）说：“哎呀，生出来啦！”开始拍打她的屁股，小朋友模仿新生儿“哇哇哇”地哭起来。我（医生角色）抱去洗干净。（网友E）

3岁8个月男孩：每天玩假装游戏，什么都可以假装，扮演爸爸妈妈，让我们配合当孩子和妹妹，还扮演快递员、消防员、医生、汪汪队、厨师……打配合也很累啊。（网友F）

4岁男孩：我儿子跟大他半岁的小朋友在一起就是玩过家家，玩爸爸、妈妈、宝宝的游戏。（网友G）

4岁男孩：最爱玩的就是在垫子上推小汽车、公交车的游戏，刚开始玩的时候只有一辆车，后来两辆、三辆，自己设计了各种情节，比如堵车、加油站加油、接乘客、去幼儿园、公交车报站等。（网友H）

4岁女孩：4岁就整天假扮新娘子，让我当她的新郎，被子、毯子、浴巾、毛巾、床单都能扯了当头纱，问我有没有空和她结婚。（网友I）

2.5～4岁玩假装游戏的典型特征

- 有了合作，不再满足于独自玩耍，角色互动增加。
- 角色多样化起来，不再限于爸爸、妈妈这两个最熟悉的角色。
- 有了情节，不再是喂奶或睡觉一组动作的简单重复，而是将几组动作按先后顺序组合在一起形成简短的故事，游戏复杂度上升。
- 有了情绪，对人际互动中的情绪反应有了观察，并演绎出来。
- 对道具的逼真程度要求下降。

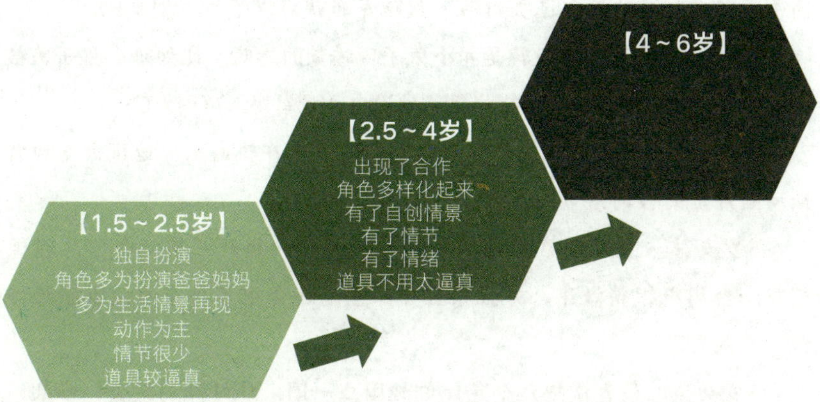

家长可以给予的支持

- 做个搭戏好助手，别嫌弃小朋友的游戏幼稚，演着演着就会出现很多有意思的事情。
- 尽量感受故事中的情绪状态，做个好演员。
- 虽然对道具的逼真度要求没那么高了，但良好的场景搭建非常有利于游戏开展，对孩子的空间感想象力也非常有帮助。但这个年龄段孩子的搭建能力刚刚起步，常常需要成人的帮助。

4～6岁

家长的观察

4岁3个月女孩：喜欢扮演妈妈，让我扮演宝宝，然后我就演不想上学、不想吃饭等情景。现在随着剧情的发展，她会在老师和妈妈之间切换角色。（网友A）

4岁6个月女孩：不管买什么玩具，最后都变成过家家的道具。我天天要演很夸张的病人，演跟妈妈走散的小孩，演挑食的顾客。我耐心有限，总是陪她玩一会儿就觉得很累。后来她把她2岁8个月的弟弟培养成了玩过家家的高手，现在都是他俩自己去对演，我跑龙套就可以了。（网友B）

4岁6个月女孩：一般就是和小兔子玩睡觉的游戏，比如给小兔子盖被子，或者用床单给自己和小兔子搭帐篷，她说自己是妈妈。（网友C）

5岁男孩：我家孩子都是拿着托马斯的火车在轨道上，边玩火车边背托马斯动画片里的台词。（网友D）

5岁女孩：女儿经常把她的各种娃娃放在一起开“茶话会”，做饭给她们吃，会用纸板箱做床，并且布置了床幔，还会用各种东西做衣服给娃娃穿戴。（网友E）

5岁女孩：最喜欢把几个芭比娃娃围成一圈，让娃娃们聚会、吵架、喝下午茶、练功（竖叉、横叉）等。经常一人分饰N角，基本展现的是她在幼儿园发生的事情。通常我在外围旁观，这种感觉挺好。（网友F）

5岁女孩：最爱当厨师，什么玩具都可以放到锅里“炒炒”，然后给娃娃分配吃的，过家家的主题就是吃吃吃。（网友G）

5岁4个月女孩&2岁7个月女孩：姐姐当老师，妹妹当学生，过家家就是老师教学生认字、讲故事、写字；有时候姐姐当猫，妹妹是主人，主人带猫去冒险；或者扮演爸爸妈妈，一个在家做饭，一个去上班。（网友H）

5岁5个月男孩：每天都要玩各种游戏，比如奥特曼和怪兽的游戏，有时候拿奥特曼怪兽玩具和爸爸对打，有时候分别扮演对打（不是真打）；餐厅游戏，假装开了个餐厅，准备好小锅、小铲、各种蔬菜水果，自己画个菜

单，让“客人”点菜；开店游戏，将玩具、书都搬出来，开玩具店和书店，他当老板，我当客人。（网友I）

5岁6个月宝宝：玩什么到最后都变成做饭，已经玩了两年多了，什么时候会不喜欢玩这些呢？（网友J）

4～6岁玩假装游戏的典型特征

- 合作扮演的顶峰来临。
- 情节复杂度增加，自编、自导、自演，一人能分饰多个角色。
- 对情绪情感的准确表达有了较高要求。
- 会很主动地搭建场景，对物品的使用有了更多创意，不再依赖受限于它本身的典型用途。

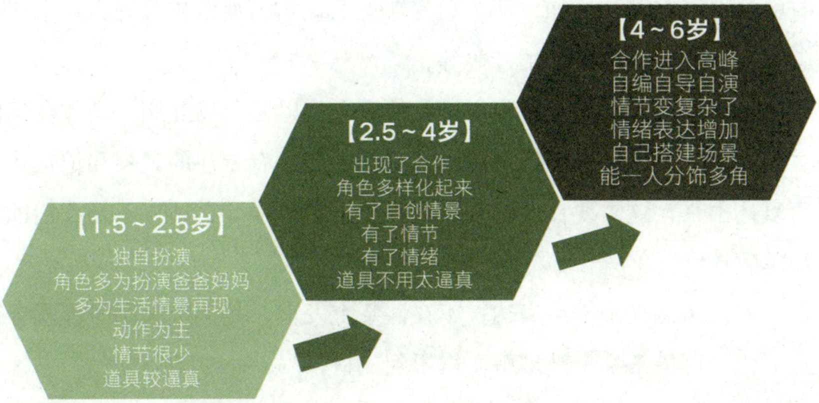

家长可以给予的支持

- 继续做个搭戏好助手，有意识地多邀请孩子的同伴到家里来一起玩假装游戏。
- 尽量感受故事中的情绪状态，做个好演员。
- 可以根据孩子的精力和情绪状态，拓展一些环节，把游戏变得更加丰富、完善，拓宽孩子的发展半径。比如，在开餐馆环节中增加绘制菜单，制作餐馆招牌、服务员工作用语等内容。

• 自编、自导、自演的高峰期，可以帮助孩子把某些环节演变成讲故事、绘画。

假装游戏的价值常常被低估，甚至被贴上“无聊”的标签。下面特别为大家介绍一下它的重要性。

语言发展的秘密武器

学龄前儿童的假装游戏，是基于现实的模仿再现或是再创造。这个“现实”有的来自于生活观察，比如，妈妈怎么给自己喂奶、哄睡，爸爸怎么做饭洗碗；有的来自于书本，比如，艾莎和安娜怎么玩雪，波西皮普怎么玩滑板车，丁丁怎么去找杜邦、杜庞帮忙，等等。

在模仿再造之前，孩子首先得记住故事人物以及出场顺序，动作台词以及它们之间的时间配合。这可不是简单的活儿，必须有专注的观察和记忆才行。然后再复述出来，这需要良好的语言组织能力。所以，它还真不是我们以为的那样简单呢!

很多家长焦虑孩子不会表达，不在课堂上发言，其实宝宝小时候就有很强的表达欲望，可惜常常不被理解，得不到支持。

假装游戏不仅历练了口头表达能力，对书面表达能力也有延续性的促进。女儿一年级语文考试有道题是看图写故事，开家长会时语文老师特地跟我讲，没想到我女儿写得这么好，不仅把图片含义理解正确了，语句也很流畅，还有细节描述。虽然有很多字不会写，但是拼音注解都能看懂。

起初我有些惊讶，但仔细回顾想想，平时她爱演戏，天天自编自演，无论是口头的还是书面的语言表达都得到了锻炼和提升。

情绪能力的练习场

在假装游戏中，宝宝不仅模仿做饭、喂奶、哄睡等日常动作组合，还演练着这些生活细节中的情绪表达。

以下是家长观察记录的几个片段，它们都有情绪感受的表达。

3岁6个月男孩：抱着小猴子说“小猴子老是让抱着，都多大了还让抱着”。让两个变形金刚玩具在一起战斗，宝宝还给它们配音。（网友A）

3岁6个月女孩：每天睡前或起床洗漱前会扑进我的怀里，在我的肚子前缩成一团说：“妈妈，你假装肚子疼要生宝宝了。”然后我（孕妇角色）假装使劲儿，说：“医生，我肚子疼，我要生宝宝了。”小朋友（宝宝角色）伸展腿脚滚到床上趴着。我（医生角色）说：“哎呀，生出来啦！”开始拍打她的屁股，小朋友模仿新生儿“哇哇哇”地哭起来。我（医生角色）抱去洗干净。（网友B）

4岁3个月女孩：喜欢扮演妈妈，让我扮演宝宝，然后我就演不想上学、不想吃饭等情景。现在随着剧情的发展，她会在老师和妈妈之间切换角色。（网友C）

4岁6个月女孩：不管买什么玩具，最后都变成过家家的道具。我天天要演很夸张的病人，演跟妈妈走散的小孩，演挑食的顾客。我耐心有限，总是陪她玩一会儿就觉得很累。后来她把她2岁8个月的弟弟培养成了玩过家家的高手，现在都是他俩自己去对演，我跑龙套就可以了。（网友D）

5岁女孩：最喜欢把几个芭比娃娃围成一圈，让娃娃们聚会、吵架、喝下午茶、练功（竖叉、横叉）等。经常一人分饰N角，基本展现的是她在幼儿园发生的事情。通常我在外围旁观，这种感觉挺好。（网友E）

假装游戏，其魅力就在于“假装”二字，它使一切不可能成为可能，它给孩子机会在虚拟场景中演练各种角色、感受、应对策略。这对儿童情绪和社会化发展有着非常大的促进作用。这种促进不仅是熟悉人物角色，更重要的是人际关系互动中的情绪表达和情绪调节。

而且，不仅在“戏内”有人际互动，“戏外”更少不了，因为假装游戏离不开合作。有合作就会有冲突、有妥协、有商量、有共赢，两个热爱假装游戏的孩子，为了游戏能进行下去，会比平常更有耐心地去协商直到双方都满意。我女儿有个小伙伴也很喜欢玩假装游戏，两人到一起讲得最多的词就是“假装”，一会儿假装这个一会儿假装那个，乐不思蜀。我的亲子营里经常见两个小朋友凑在一起演戏，一个演老虎另一个就演兔子，一个演鳄鱼另一个就演小鱼，彼此很有默契。

> 游戏中形成的合作精神，让孩子在社交中更好相处、更受同伴欢迎。

创造力的摇篮

假装游戏中会用到道具，比如喂奶游戏，宝宝最初需要一个奶瓶和布娃娃，这会极大地激发他去做喂奶的动作。但是到三四岁时，宝宝不需要奶瓶也能假装喂奶了，有时用一块圆柱形的积木代替奶瓶，有时手里什么也没有，只做个抓握手势就可以假装了。

从奶瓶到圆柱积木，再从圆柱积木到空手抓握，假装游戏中道具的变化过程，其背后是儿童对物品关键属性的抽取和演化创造过程。圆柱积木是对奶瓶形状的特征抽取和演化创造，空手抓握是对握住奶瓶手势的动作抽取和演化创造。

这些抽象思维能力、想象力和创造力，我们很难用语言教给儿童，但是他们却能在假装游戏中很自然地发展呈现出来。不仅有物品的抽象和想象，还有故事情节的想象。宝宝把日常生活情节进行改编、组合、角色替换，变成自己的故事版本。如果你细心观察，不但能看到他感兴趣的内容，而且能看到他期望的样子。

《第56号教室的奇迹》一书的作者雷夫先生一直坚持带学生们排演戏剧，我在读这部分内容的时候脑子里一直在好奇他为什么要这样做，因为我小学、中学、大学都没这样的课程，不知其中奥妙。直到近距离观察我女儿和亲子营的孩子们，看到他们对假装游戏的天然热爱，看到他们在表演中的放松表达和无拘无束的想象和创造，才发现这真的是一块教育宝地。

心理学家在20世纪70年代的多项研究中已发现，作为创造性核心成分的发散性思维，其与假装游戏密切相关、相互作用。喜欢假装游戏的儿童表现出更高的创造性；学前期喜欢探索和假装游戏的儿童，三年后（小学）在创造性测试中得分更高。这与儿童在假装游戏中需要运用生活环境中各种物品来创造想要的场景，运用生活日常演化创造出很多虚拟的情节有关，这些都激发了他们对物品和生活细节的发散性思维。

亲子关系的存钱罐

关系先于教育，育儿即育己，相信大家对这些字眼儿已经不陌生了。从我的亲身体会来说，和女儿玩假装游戏让我从曾经的“薄脸皮”变成了现在的“厚脸皮”，又反过来影响孩子，两个厚脸皮无论何时何地都能立刻开演。也许你和我曾经一样磨不开面子，觉得傻，觉得丑，觉得幼稚。但是，我敢说，你如果能抛开这些偏见，投入（而不是敷衍）地和孩子演几场戏，在地上打滚也在所不惜，娃一定会特别特别喜欢你！你们之间还因此有了开心密码，有点什么小情绪，或者不开心，戏台上的那些建立起来的情谊就能帮你轻松化解。

这就是平时往亲子关系存钱罐里存钱，还是利息特别高的那种。

就像我在第一章举的例子，每次我出门她都想跟我一起走，而我有时的确不方便带她同行，于是灵机一动和她玩起了假装游戏。我假装成她，蹲下来用祈求的眼神看着她说：“妈妈，我也要去！”她立刻心领神会，秒变“妈妈”说：“你不能去。”然后我们哈哈大笑抱在一起，情绪愉悦地说拜拜。

> 相比其他游戏类型，假装游戏最能拉近亲子距离。为什么这么说？因为都是假装啊！在假装游戏中，你不再是高高在上的家长，孩子也不再是只能抬头仰望的小娃娃，我们可以扮演各种角色，可以有各种情绪，和孩子的关系，想不打成一片都难。

放下身段和孩子平起平坐，假装游戏是最好的选择。

04

3岁，有了“像样的”建构游戏

“云妈，我儿子每次看到别人搭好的积木就一把推倒，这么爱搞破坏，以后可怎么办？”

“云妈，我女儿不爱搭积木，总是捡起来扔掉，怎么能让她喜欢上积木呢？”

收到这样的问题，我的第一反应是问宝宝的年龄，回答都是1岁多。

宝宝是真的不喜欢搭积木吗？

当然不是。1岁多的宝宝只是在探索，就如同他们在探索其他物品一样，他们还不懂搭建、建构的含义。

所谓建构游戏，是指儿童有目的、有计划地运用游戏材料，搭建出呈现一定结构样式的作品，并赋予它名称。我们常见的建构游戏有搭积木、搭乐高、搭磁力片、玩黏土、用废旧材料DIY等。真正的建构意识一般从3岁开始建立，2～3岁是萌芽期。

为什么3岁才有真正意义上的建构？因为建构的本质是儿童在吸收了很多输入之后的一种输出，一种形象表征。一方面，它比0～2岁探索游戏、关系游戏这种输入型的游戏要有难度，只有当他们熟悉了积木的特征，熟悉了如何操作它们，才会搭建它们；另一方面，儿童还需要对所造之物比如房子的外形特征有比较稳固的记忆。

我曾经在亲子营父母课堂上请爸爸、妈妈用积木搭金茂大厦（上海知名建筑），结果大家纷纷打开手机搜图。其实大家在上海生活了至少七八年，可为什么想不起金茂大厦具体长什么样呢？可见我们要记住一件事物的外形特征并不容易，而这却是建构的重要前提，你的头脑中首先要有金茂大厦的形象记忆，才能用积木把它再造出来。

成年人尚且需要寻求手机搜图帮助，儿童却只能靠自己头脑中的记忆把它搭建出来，比如立交桥、小汽车、艾莎城堡。这些虽然比金茂大厦简单很多，但对他们的年龄而言，却是很大的挑战呢！

画画是另一种形象表征。你若观察便会发现，最经典的人像（一个大圆脸加两个小圆眼睛）一般出现在3岁以后，其缘由也和建构游戏这种形象表征一样，儿童首先要对人脸形象有稳固的记忆，然后抽取关键特征，探索如何用笔，最后才能画出来。宝宝3岁前拿起笔所做的，也是在探索，戳戳划划，拔笔帽，盖笔帽，把笔扔到地上看着笔滚动……探索笔的特征和使用方法，然后慢慢由无目的地画弧线，最后发展到画闭合圆。

所以，在孩子3岁之前请不要焦虑他为什么不搭积木、乐高，只喜欢扔、推倒，因为他们的年龄和相应的发展特点决定了他们的行为。

讲完很重要的年龄标签，在详细展开建构游戏全貌之前先简单介绍一下建构材料，建构游戏材料有以下三类。

第一类，形状规则且不可变的材料，比如积木、乐高、轨道、磁力片、雪花片等。

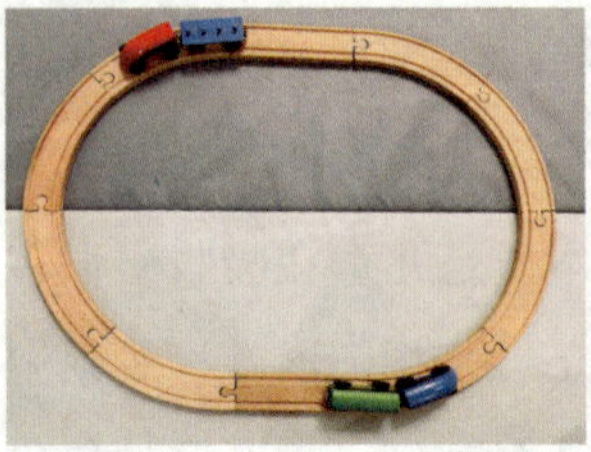

第二类，形状规则但形状可变的材料，比如各种颜色的卡纸、弯弯乐，以及纸箱、卷纸芯等生活废旧物品。

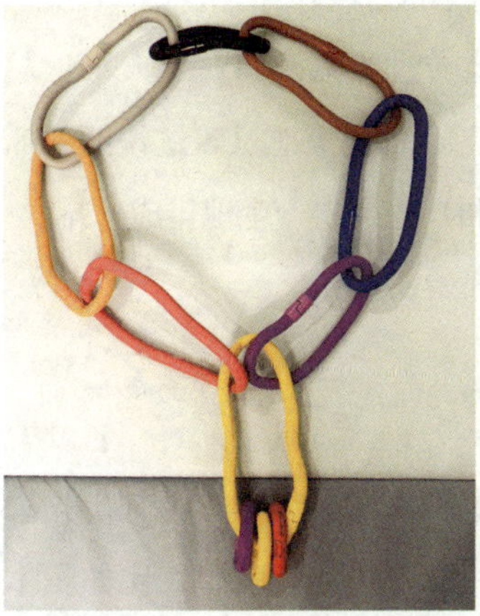
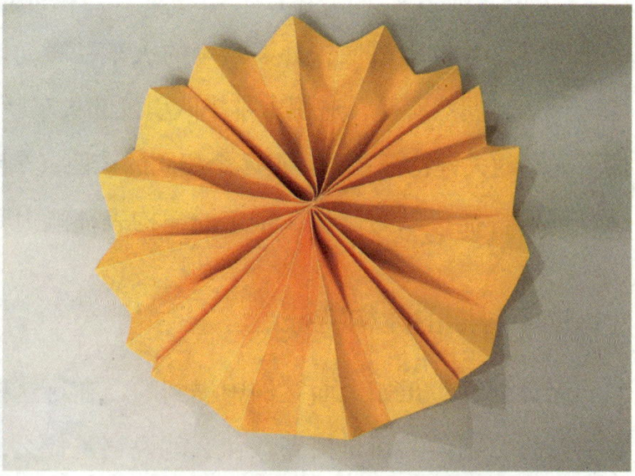

第三类，形状不规则的材料，比如沙、黏土、橡皮泥、面团、树叶、花朵等。

根据不同的建构目标，我们选择不同的材料，比如盖房子用积木、乐高、纸板等，修铁轨用轨道或积木，捏“小黄人”则用黏土，若想造一个有灶台，有油烟机，有锅、碗、瓢、盆的厨房，一般来说用纸箱会比较快捷。接下来介绍的内容，对以上三类材料都是适用的。

除去0～2岁的探索期，2～6岁宝宝的建构游戏可以分为两个阶段。

2～3岁

2岁的宝宝开始有了建构的萌芽意识。例如，某天小男孩把积木一个挨一个排成一排，发现很像去外婆家坐的火车，激动地转过头喊妈妈：“火车！”

虽然是偶然所得，这积木排排队引发的火车联想也非常有意义，这说明他抓住了火车的关键特征之一：很多个相同的东西（车厢）一个挨一个地排成一排。

抽取特征，以物代物，宝宝的建构表征能力开始萌芽。

这个时期的建构特征

无计划性。正如上面案例中提到的，在玩这些积木之前宝宝并没有事先想着要搭什么物体，而是搭着像什么就说它是什么，即先搭建后联想，比如积木排队像火车，两条积木水平交叉像飞机，一条积木水平、一条积木紧挨着侧立像沙发……当宝宝偶然间发现这些摆放秘诀后，会不断练习，因此积累了一些很基本的搭建模式，也就是特征二。

积累基本搭建模式。比如排队、围圈、搭桥，以及火车、飞机、沙发、椅子、桌子等生活中的常见物品，这些都将成为他们后续搭建的基础。

一维堆叠

二维堆叠

搭桥

模式

围合

简单表征

家长可以给予的支持

允许孩子自由堆叠推倒，不要急着教他们如何搭。因为年龄关系，他们的抽象能力和表征能力都还比较弱，如果急着教他们，很可能孩子因理解不了而做不到，而且容易挫败孩子的自信，让他不想再自己搭建，习惯性地说：“宝宝不会，妈妈（爸爸）你来搭。”

提供操作难度较低的建构材料。2～3岁宝宝的精细动作发展不完善，同时手上力气也小，所以给宝宝的建构材料需要尺寸稍大一些的，并且不需要费太大力气。比如前文所述第一类建构材料里，选取的优先顺序依次是磁力片、乐高得宝系列（大颗粒）、大颗粒积木。磁力片因为有磁力的帮助容易搭成型又不易倒塌，排在第一位；乐高得宝需要的力度相对大一些，但是搭好后比较稳固，排第二；大颗粒积木的稳定依赖重力，需要较好的精细动作来保持平衡，排第三。

可以借助宝宝喜欢的玩偶或绘本引入故事情节和场景，来激发宝宝搭建的兴趣。假装游戏和建构游戏密不可分，很多时候孩子们搭建是为了玩假装游戏，所以充分利用这个特点，用假装游戏来促进建构游戏。喜欢过家家，那就来个生活家居全套，喜欢车和恐龙，就来个车库、高速公路、铁路、恐龙园。最初，孩子进行简单的搭建后，就会沉浸在假装吃饭睡觉、开车停车、打斗撞击之中。没关系，随着他们生活经验的丰富，观察事物越来越细致，他们的建构也会越来越复杂。千万不要急着催孩子搭建复杂多样的场景。

搭建作品需贴近生活、贴近孩子的兴趣点。不要为了搭而搭，枯燥无味的事情需要一定的意志力，这一般要到小学以后，所以务必不能这样要求两三岁的小朋友。贴近生活的物品如沙发、桌子、电视、床等，孩子每天都能观察到，自然就记得牢；感兴趣的物品也是同样的道理，感兴趣就会去关注、观察、抽取特征。

观察和陪玩实例

我女儿21个月时开始玩积木，刚开始是随机堆积，然后慢慢出现叠高、水平排队等玩法。30个月（2岁半）时开始出现四面围合、简单象形搭建，如搭建电脑、树，或是不象形但赋予它名称如路、火车、椅子。

这之后的一段时间，玩积木进入一个瓶颈期：专注时间变短，简单堆叠多。该如何引导她？让她对积木的兴趣更大一些呢？

有一天，刚玩了三五分钟积木，她就要跑开。我灵光一闪，找来了她喜欢的小人偶熊奶奶来帮忙，提议给熊奶奶搭个院子吧！小妞马上返回游戏毯坐下，和我一起给熊奶奶搭院子（其实就是围个长方形，加个门），然后拿着熊奶奶进出院子，玩得很专注！

后来，我从一本书上看到一个引导办法：给活动添加一些能吸引儿童注意力的东西（例如儿童所喜欢的玩具、鲜艳的颜色、声音、动作等）。回想第一次用小熊奶奶做引导，就是选择了第一种：女儿所喜欢的玩具。小姑娘对于过家家兴趣浓厚，每天要带着她的小熊妹妹和小熊奶奶一起炒菜、吃饭、睡觉、洗头，对她来说，这是完全不需要引导的游戏。

有了这个思路后，在又一次积

木搭建中，我有意识地把她最喜欢的小熊妹妹引入搭建，同时把她当时最喜欢的一本故事《小霸王》也引入游戏，并提议按照书上的图给小熊妹妹、小熊哥哥搭厕所。这一次的活动进行了差不多一小时，她搭侧墙我搭门，又一起做了男女厕所的标识牌，然后她安排熊哥哥、熊妹妹分别进男女厕所……

这次活动中小妞玩得很开心，但后遗症来了：接下来每次说搭积木，她就要搭厕所，这没什么，关键是她自己不搭，总要我来搭。我尝试示范搭男厕所，然后让她搭女厕所，她还是不搭。

我意识到，这个厕所搭建超出了她当前跳一跳就能达到的水平（最近发展区），我必须马上停止这个搭建主题。

于是，在接下来的一次搭建中，我们虽然依旧引入小熊妹妹，但是当她提出搭厕所时，我则提议先搭别的吧。通过观察我发现小妞喜欢把这一排积木命名为床，我就势说："小熊妹妹要睡觉啦，来，到床上睡吧！"考虑到她的水平应该不只是积木排队这么简单，所以我故意模拟小熊妹妹翻身，"咕咚！掉下来啦！"问小妞："该怎么办呢？"没想到她马上找来积木拓宽，又四面加上了栏杆！反应速度超过了我的预期。

这之后，女儿玩积木搭建总是与小熊妹妹一家的睡睡吃吃有关，每次都玩得特别来劲！渐渐地，女儿不再需要我主动把小熊妹妹带进来，她自己会去拿；不需要我提示小熊妹妹翻身会掉下床，她自己会一边加上栏杆一边嘀咕着“咕咚！掉下来啦”；不需要我每次示范给凳子加个靠背，她学会了自己加上；不需要我示范，她自己就可以搭出简易船、沙发、滑梯。

我从之前的游戏引导角色，渐渐转变为玩伴或者只是坐在一旁观察交流的角色，而女儿玩积木的专注时间也越来越长，越来越享受。

回头看这个过程，有以下几点体会。

● 平时多观察孩子对各类玩具的喜欢程度，玩的时间长说明喜欢。然后用这些最喜欢的玩具加入孩子兴趣不太大但又很有必要多进行的游戏，作为引导材料。

● 在陪伴的最初阶段，往往需要家长引导示范一下，优先使用语言的“问题引导”，其次是动作示范，即第五章提到的“君子动口不动手”。如果孩子能针对陪伴者提出的问题自己想出解决方案，一方面锻炼了孩子解决问题的能力，另一方面展现的是孩子在动作思维上能达到的水平，能有效避免成人动作示范超出孩子的能力，而因此让孩子畏难放弃。

● 如果在动作示范一两次之后孩子总是要求成人来完成而自己不动手，成人要反思示范的内容是否超出了孩子当前跳一跳能达到的水平（最近发展区）。请注意不要超出这个最近发展区。反之，如果示范一两次之后，孩子能自己完成，则说明是可以继续发展的模式。

3～6岁

3岁以后有了真正意义上的建构，即儿童会有目的、有计划地创作搭建，作品呈现一定复杂度且象形度较高。

这个阶段孩子经常是这样说的：“我想搭个飞机。”“我要造一艘船。”“我想要捏一个毛毛虫。”“我要用纸箱做一个机器人。”也就是说，在行动之前他们先有了目标，甚至对建构材料也已做出选择。

这个时期的建构特征

有计划性。儿童从2岁左右开始使用第一人称“我”来称呼自己，这意味着自我觉知、自我意识的明朗。3～4岁时他们意识到自己的思想（想法）可以影响到自己的行为，与此同时，思维的发展使得他们可以用表象和语言来表达自己的想法，这些都为他们有计划地去做一件事打下了基础。所以到3岁时，宝宝不仅头脑中能存下稳固的形象（比如飞机），还能用语言表达出自己造飞机的意愿。

表征能力提高，作品更复杂、更象形。这个阶段的孩子不再满足于2岁多时的排队、围圈、搭桥等简单造型，会把这些简单模式组合成更复杂的作品。比如，仍旧会搭飞机，但不再是简单的两条积木交叉，而是会关注到飞机的更多细节，如把机身加厚、翅膀变长、加上尾巴等。

可以借助图纸或是图片来搭建。这个阶段孩子渐渐有了读图能力，能读懂一些建构玩具的搭建图纸，比如乐高、积木、磁力片、黏土等，这些玩具基本都会配有搭建过程或是作品示范。低龄宝宝因为对符号的理解力有限，看不懂图纸，但是3～6岁孩子逐渐获得这项技能，也是空间感的体现。

搭建作品不再局限于生活日常。读图能力使得儿童搭建不再局限于生活中的物品，他们可以通过绘本、玩具图纸、海报等来源观察到不在身边的事物，然后对感兴趣的东西再创造。

家长可以给予的支持

观察寻找孩子喜欢的建构材料。积木是最经典的建构材料，也是有宝宝家庭的常备玩具，不过不是所有孩子都会因积木而喜欢上建构。此时你可以尝试前文三类材料中的其他品种，不同材料各有千秋，不喜欢积木也许喜欢磁力片，不喜欢乐高也许喜欢黏土，不喜欢买的玩具也许喜欢家里各种变废为宝的废弃物品。

可以借助宝宝喜欢的玩偶或绘本引入故事情节和场景，来激发宝宝搭建的兴趣。这一点不变，和两三岁萌芽期一样，因为假装游戏和建构游戏密不可分，很多时候孩子们搭建是为了玩假装游戏。由于个体差异，有的孩子更享受搭建，那么他愿意在搭建环节多花一些时间；有的孩子更享受假装游戏，就会简单搭一搭然后迫不及待开始演戏。如果父母觉得搭建的时间太少，可以加入孩子的游戏，扮演其中的某个角色，然后择机提一点改进意见。宝宝若能自己完成，你只需静静等待即可；若宝宝自己完成有困难，你可以和他一起完善场景布局。在这个过程中，孩子会观察学习你的举动，只要不超出他能力范围太多，他会在以后的游戏里模仿掌握。

提供图纸或图片来辅助游戏。有时候宝宝想搭的东西太复杂，脑子里存不下，比如艾莎城堡、火车站、立交桥等，此时可以找些图片来帮助他们。还有的玩具自带搭建图纸，比如乐高。这时候父母经常会担心一个问题：孩子照着图纸或图片搭，会不会以后只会这样搭，没有了创造力？借用我儿子艺术课老师的一个观点，我非常认同。他说极少有创作是百分百由自己从0到1，绝大部分是从其他作品里吸收了一些元素，创作的过程是一个不断观察、吸收、打破、再造的过程。玩建构游戏也一样，一方面，孩子从最开始的模仿中吸取自己喜欢的元素，然后再创造；另一方面，在照图搭建过程中也熟悉了各个零件的结构特点和使用场景，为进一步创造打下了基础。

君子动口不动手。在搭建中，尽量不要直接上手去帮孩子搭，如果孩子遇到困难寻求帮助，家长应通过启发性的问题去帮助他思考，越过障碍。用问题来启发，把思考发现的机会留给孩子，把动手的机会留给孩子，实质上就是把成就感给了孩子。并且，问题的启发，还会带领孩子进入维果斯基说的最近发展区，让我们能看到孩子搭建的实际潜能，比如空间感、精细动作等，这样就不至于对他们提出过高的要求。如果家长直接上手，就失去了了解孩子的机会，下次孩子还有可能会直接说：“妈妈（爸爸），你来搭。”请记住，我们不要成为游戏的主角，不要替孩子做主，让孩子觉得我们无所不能。一个完美的父母对孩子其实是压力。这里是孩子成长的主场，我们当个配角就好。那么有人会问了：“成人在一旁搭就完全不行吗？”我儿子比女儿大8岁，他从小玩积木和乐高，现在仍然很喜欢搭建，就连妹妹买的大颗粒乐高，他也要玩。记得有一次，他一上来就搭了个世博会中国馆，妹妹在一旁惊奇地看着。但是，妹妹没有黏着哥哥让他帮忙搭。为什么？因为哥哥在搭建的时候，完全是在自我享受，他不会要求妹妹跟着他学，因此妹妹也不会感到任何压力和挫败。换作成人也是一样，如果你能放下你的要求和期望，自己跟着孩子一起玩也无妨。试想一下，孩子在家以外的地方也会看到比自己搭得复杂、漂亮的城堡或机器人，但是他不会感到压力，因为没有人要求他也搭一个一模一样的。所以，这里面的关键点就是，成人是否在自己搭的时候传递了“孩子，你要跟着学，也要跟我搭的一样”这样的信息。其实，很多人都按捺不住这样的想法，所以能不动手还是不要动手。如果动手，就自己享受搭建带来的乐趣，别给孩子提要求。孩子也许会去模仿，但是这种自发的模仿和你要求下的学习是不同的。前者很可能在孩子的最近发展区，而后者就不一定了。

观察和陪玩实例

有一次我带亲子营的小朋友玩建构，主题是地铁，孩子们的年龄在三四岁。在活动之前，我问他们：“地铁是什么样的？”宝贝们说：

“地铁轰隆轰隆地在山洞里跑，很黑。地铁没有轮子。”

“地铁是长方形的，还有圆形的。”

“有两个头，头长在两个地方，有的在左，有的在右。”

“地铁是长长的，有上来下去的楼梯，到站就要下车。”

你们有没有发现，每个孩子的兴趣点不一样，有的对声音敏感（听觉），有的对外形敏感（视觉），有的对乘坐规则敏感（社会性）。

带着这些经验我们一起去了地铁站，当我问他们："地铁开过的时候，我们脸上有什么感觉？"孩子们说：

"脸上凉凉的。"

"窗户是模糊的。"

"脸上的肉在抖。"

这些表达真的太可爱了！孩子们的关注点各有不同，搭建出来的地铁也形态各异。正是这些切实的感受和个体差异，让这个世界变得丰富多彩。

我观察我女儿，4岁之后进入搭建飞跃期，无论是哪种材料，4岁之后的搭建都开始明显变得复杂、细致。这些都依赖于她的生活经验在变得丰富。

当我们着急于孩子为什么还不能搭建像样的作品时（输出），首先该思考的是孩子是否有足够的输入，有足够的探索经验。

05

4岁，开始玩规则游戏啦

规则游戏可以说是我们大人最熟悉的儿童游戏，因为几乎每个人都会下棋、打牌，每个人都玩过躲猫猫，这些都属于规则游戏。也正因为如此，当一些父母不知道怎么陪孩子玩的时候，很容易想到的一个游戏就是和孩子下棋。但是，下了几盘就发现玩不下去了，因为娃坚决不肯认输！输了就哭，输了就要改规则，要"耍赖"！刚正不阿的爸爸妈妈哪能随意让你改规则呢，于是一场战争打响，最终不欢而散。

所以这一节首先来说规则游戏从几岁开始合适，以及游戏过程中的注意事项，然后再介绍一些易于上手且受欢迎的规则游戏。

本章第一节提到合作游戏从4岁开始萌发，5～6岁进入合作游戏的高峰期。市面上儿童桌游以4岁起步居多，也是契合了儿童合作能力的年龄发展特点。

不过，4岁能听得懂游戏规则、能玩合作游戏，却并不代表能接受自己输。

女儿7岁时有阵子特别着迷记忆牌，有一个周末我们全家连着玩了两天，周六女儿赢得多，没情绪，很正常，周日她又喊我玩，这次也是神奇了，我竟然连赢她三次，第三次玩好数牌的时候，我紧张地观察她的表情，担心她情绪崩掉，因为以前有过这样的情况。那次是玩飞行棋，前半部分她都是开开心心的，可最后我先到达终点。她忽然哇的一声大哭起来，抱着半天才安抚好。

这次她没哭，表情也没丝毫扭曲，很镇定地笑着说："我不服气！我要再来！必须赢你两盘才行！"我那时在微博上说，看来马上7岁的娃，真的是长大输得起啦！

这帖子一发，立刻引来一片共鸣。

3岁7个月：昨天玩记忆牌，小子哭得稀里哗啦，看来还是我太急了，还是得先悠着点。（网友A）

4岁：我家刚满4岁，任何竞技游戏如果输了就要赖，就连比赛跑步都不能超过她，只能接受大家一起到。（网友B）

4岁8个月：我老公跑得比他快，就生气得很。我老公就觉得，他当然比孩子快，这有问题吗？（网友C）

4岁11个月：上周我们玩飞行棋，她输了之后哭得稀里哗啦。（网友D）

5岁11个月：看来对我家这个输不起的娃不能着急！（网友E）

妈妈们笔下的娃都差不多：

不能输！输了就哭！输了就要改规则！

看到这里，你心情是不是好点儿了：看来不是我一个人的娃这么"输不起"。

为什么小孩子"输不起"？

有两个方面的原因。第一个原因是儿童成长过程中的自我中心现象。自我中心状态下的儿童，意识不到别人可以有与自己完全不同的想法，比如，意识不到自己想赢得比赛的同时，别人其实并不希望他赢。随着年龄增长，5～7岁时基本能"去自我中心化"。第二个原因是情绪的自我调节能力还在发展。幼儿是通过观察成人处理他们情绪的方式来学习情绪调节策略的。父母可以先倾听孩子的情绪，然后采取拥抱安抚、分散注意力、抑制冲动等方式来帮助孩子调节情绪，还可以在自己输掉比赛时示范给孩子自己的调控方式。

有一位妈妈问我：“孩子不想输，一定要赢的时候怎么办？是故意输给他？我老公一直觉得不能让孩子，不然他以为所有人都会让着他。”

那么如何应对成长过程中的“输不起”呢？

我的建议如下。

- 规则游戏可以从4岁以后引入，别着急，以后有的是时间玩儿，“斗地主”能打到99岁呢。4岁以前多玩探索、建构、假装游戏，这些游戏给予孩子的一手体验将是他们未来想象力、创造力发展的肥沃土壤，也会给父母关心的智商、情商发展加力。
- 关于输赢的比例，故意输给他的次数以游戏能开展下去为目标，10：0，还是9：1、8：2、5：5、3：7，根据年龄和孩子的耐受力逐步上调比分的真实性。
- 选择好的规则游戏。对于学龄前儿童来说，好游戏的特点是，游戏中的快乐比输赢更重要，让快乐吸引他们加入游戏，而不是用赢得某种奖励来吸引他们。
- 在游戏中循序渐进地引导孩子情绪管理、换位思考，能赢也能接受输。
- 允许孩子输了哭一下，我们自己比赛输了也会心情不好，是不是？

说完规则游戏的注意事项，再介绍一些比较经典的规则游戏。从身体是否处于大幅运动状态可以分为动态和静态两大类。动态的规则游戏如球类（篮球、足球、保龄球、躲避球等）、赛跑类（两人三足跑、抢椅子等）、追逐类（老鹰抓小鸡、丢手帕、狼来了等）、躲藏类（躲猫猫等）。静态的规则游戏如象棋、围棋等棋类，但是游戏规则复杂，不太适合低龄宝宝。这里详细介绍几款简单一些的、学龄前儿童也可以和父母玩起来的经典桌游。

桌游（静态室内规则游戏）

No.1　3岁+记忆牌

记忆牌是很经典的入门级桌游，适合低龄宝宝，也适合成人（未必能玩得过宝宝）。如果父母想在宝宝4岁前尝试规则游戏，可以考虑记忆牌。

图中这款记忆牌一共34张17对卡片，因为17是奇数，所以每一局都会分出胜负，不会平局。

不过和低龄宝宝玩要先多给宝宝赢的机会，不然游戏可能进行不下去。等到了六七岁，再一决胜负不迟。

No.2　4岁+找糖果/找袜子

下图的找糖果和找袜子游戏，只是呈现方式不一样，其原理相同：一个糖果最多可能有三种颜色，玩家要又快又准地找出与三个骰子的颜色相对应的糖果；一只袜子有四种颜色，玩家要又快又准地找出配色完全一样的一对袜子。这类游戏非常考验眼力和专注力。

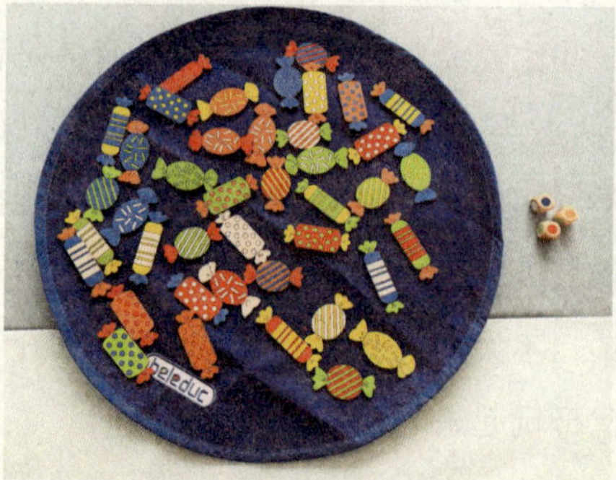

No.3　5岁+Four in a row四子棋

简单来说，就是要把4颗棋连成一排，但这个棋盘是竖着的，所以必须考虑重力作用。比如，你想把棋子落在从下往上数第二排，那么最下面第一排得有棋子，不然就白搭。

所以，它虽然和五子棋有些像，但是却不能像水平放在桌上的五子棋盘那样，棋子想搁在哪里就搁哪里。这也是它的挑战和乐趣所在。

这种棋有很多演变版本，我在玩具展会上看到有一款设计了个机关，动一下，最下面一排棋子会掉出来一粒，这样就可以中途改变棋子位置，难度也随之加大。

No.4　5岁+GuessWhat猜猜是什么

这也是一款经典游戏，玩家看不见自己头顶上的卡片，但别人能看见，要根据别人的表演、描述或者自己的提问来猜出是什么。几个玩家轮流猜，用沙漏计时，最后谁猜出得多谁赢。“Guess What”融合了表演、合作、逻辑推理、语言表达等，更重要的是，猜错时气氛会特别欢乐，所以很适合家庭亲子时间。

上述这几种桌游只是大量游戏的一些代表，不过从中可以总结出一些选择桌游的要点：**3岁靠再认能力找相同，4岁靠记忆和专注力，5岁有了简单的策略，6岁以后就逐渐接近成人，可以有更复杂的游戏策略了。**大家在为孩子挑选桌游（室内规则游戏）时可以参考这个原则。

第三章

游戏如何支持儿童的发展

01

0～6岁儿童的 身心发展里程碑

我们之所以关心儿童游戏，是因为儿童游戏与儿童的发展密切相关。

发展心理学经典教材《伯克毕生发展心理学》将人的发展分为身体发展、认知发展、情绪与社会化发展三部分。让我们先来了解一下0～6岁这三个维度的发展里程碑。请注意，这只是一个参照，一定存在个体差异，偏离不大都是没问题的。

身体发展

约2岁时

- 走路有了节奏感，会跑、跳、扔，抓东西时上半身保持僵硬的平衡。
- 能穿脱简单的衣服，能较熟练地使用勺子。
- 大脑中突触的迅速生长和髓鞘化过程继续进行，尤其在前额叶。

约4岁时

- 会快跑，会骑三轮童车并掌握方向。
- 不用他人帮助会自己吃饭。
- 会使用剪刀。
- 可画出最初的人像。
- 大脑突触快速生长，神经纤维髓鞘化继续进行，尤其在前额叶。

约6岁时

- 会自如地快跑、跳跃，会熟练地抛接。
- 会系鞋带（绳子打结）。
- 会画复杂的图画。
- 会抄写数字和简单单词。
- 脑重达到成人的90%。

认知发展

约2岁时

- 在简单情境中能采纳他人观点。
- 再认能力充分发展，2岁能再认1～2个项目，4～5岁能再认3～4个项目。（再认是指幼儿能指认出之前看过的图片、物品等。）
- 表现出对内部精神世界和外部现实世界的差异的觉知。

约4岁时

- 掌握双重表征。（什么是双重表征？假如你在房间里藏了一件礼物给孩子，然后给他一张寻宝图，双重表征是指孩子能将寻宝图对应到房间实际布局，然后从本人实际位置想出寻宝路线，成功找到礼物。也就是说，儿童能运用地图来帮助自己在实际场景中找到目标位置。）

- 理解传递推理，能做逆向思维，对熟悉情境的因果关系有基本理解。（传递推理举例：多多比米米高，米米又比妞妞高，所以多多比妞妞高。）
- 把熟悉的物体按层级分类。（层级分类举例：梅花、郁金香、樱花属于花，每种花又可以细分，比如梅花分为品字梅、小细梅、黄香梅等。所以，花、梅花、黄香梅分属于三个不同的层级，其中花的层级最高。）
- 在完成困难任务时使用个人言语指导行为。（幼儿最初是先有动作再有语言，慢慢转变为先有语言和思想，然后再做出相应的动作行为。）
- 注意力更持久，更具计划性。（例如，这个阶段开始有了真正的建构游戏：头脑中先有搭建目标，然后再去找材料来搭建。）
- 能用情节回忆熟悉经历。（情节：一件事是由若干动作在某个场景中按照一定顺序来呈现的。第二章“假装游戏”中提到，1.5～2.5岁时的扮演多为动作，情节较少，而2.5～4岁这个年龄段的扮演开始有了情节。）
- 懂得想法和需要能决定行为。
- 懂得书面文字的一些意义特征。
- 会数几个东西，掌握基数。（基数是指，当幼儿一一点数物品时，最后报出的数字即是这个集合的总数。例如，幼儿一一点数桌上的苹果：1、2、3、4、5。最后数到的数是5，他知道这就意味着这里一共有5个苹果。）

约6岁时

- 区分外表和真实能力增强。（明白了外表看起来的样子和真实情况有差别，例如，一个矿泉水瓶中实际装的可能不是水，而是雪碧或白酒。）
- 注意力持续改善。（注意力时长随着年龄增长在增长。）
- 再认、回忆、情节记忆和自传式记忆增强。（这其中再认是最容易的，因为再认是能指认出曾经见过的物品，回忆是指没有实物辅助仅凭头脑来回想物品的特征。情节记忆需要对某个事件的先后顺序和细节进行回忆和表述，所以比回忆难。自传式记忆是指能回忆出对个人有意义的一次性事件，例如兄弟姐妹出生的日子、搬新家等。）

- 对错误观念的理解增强。（明白有些做法是正确的，有些是错误的。）
- 会顺数、倒数和简单的加减法。

情绪与社会化发展

约2岁时

- 理解原因、结果。
- 了解基本情绪的行为标志。（基本情绪包括高兴、愤怒、悲伤、恐惧。）
- 共情增加。
- 性别角色观念和行为增加。

约4岁时

- 情绪自我调节能力增强。
- 自我意识的情感增多。（自我意识情感包括内疚、羞愧、尴尬、嫉妒和自豪等。）
- 互动游戏（联合游戏与合作游戏）增加。（第二章第一节中提到，联合游戏从3岁时萌发，合作游戏从4岁开始萌发。）
- 工具攻击减少，敌意攻击（言语和关系）增加。
- 形成最初的友谊。
- 区分真话和谎话。
- 区分道德规则和社会常规及个人私事。
- 对同性玩伴的偏好加强。

约6岁时

- 解释和预测别人情感反应的能力增强。
- 更多依赖语言表达共情。
- 习得许多与道德有关的规则和行为。
- 性别成见观念和行为持续增多。（会说出类似这样的语言：“这是我们男孩子的玩具，不是你们女孩子玩的。”）
- 理解性别恒常性。（意识到自己的性别不会随着年龄而改变，也不会随着自己的日常行为而改变。）

02

孩子不善社交，鼓励他玩什么

不同年代有不同的“好性格”，20世纪八九十年代的中国，老实内敛被推崇，到了21世纪，外向开朗、善于社交则取而代之成为众人心目中的“好性格”。

著名心理学家荣格将人的个性分为内倾和外倾两大类，有的人偏内倾，有的人偏外倾，有的人兼而有之。

当今社会推崇外向开朗，人们认为外向的孩子能更快地结交朋友，能让别人在短时间内认识了解自己，特别是面试的时候，外向的孩子似乎更容易获得老师的青睐。这也使得内向孩子的家长们非常焦虑，担心孩子在这关键的15分钟里一句话也不说。

可能很多人没有意识到内倾型的孩子往往很专注，更能坚持不懈地做好一件事，这是非常难能可贵的品质，不要忽视这一点而去盲目纠正、否定孩子。

不过，人是社会人，无论是否乐意去社交，都需要获得一定的社交能力，只是程度差异而已。

社交能力的形成是一个层层递进的过程，孩子从婴儿期就已经开始社交了。孩子的年龄和学习方式决定了这些能力很难通过课堂教学来传授，而是需要在儿童的实际交往活动中一步一步发展起来。

0～3岁

生命头三年最重要的社交发展任务是建立安全的依恋关系。

> 形成依恋关系，是幼儿迈向社会化的第一步，是他第一次对他人产生了信任和依赖，并以此为支点，从这个安全港湾出发，迈向更多样的人群，更复杂的人际关系，最终适应社会，成为群体中的一员。

婴儿依恋有三种类型：安全型、回避型和反抗型。其中安全型依恋的孩子会拥有良好的安全感。

我国学前儿童游戏著名学者刘焱在《儿童游戏通论》中提到，早期的安全依恋，预示着学前期的伙伴接纳，积极的社会性参与和更丰富复杂的游戏行为。法国心理学家瓦隆指出：缺乏这种安全依恋，孩子可能成为恐惧和惊慌体验的牺牲品，还可能产生精神萎缩的现象，伴随终生。

所以，婴儿时期的安全依恋关系建立，怎么强调都不过分。

婴儿依恋的形成分为三个阶段。

第一阶段（0～3个月）：无差别的社会反应阶段。婴儿对不同人的反应是无差别的、不加区分的。

第二阶段（3～6个月）：有差别的社会反应阶段。婴儿对人的反应有了区别，对母亲很偏爱，对他所熟悉的人和陌生的人，其反应也有所不同，但不“怯生”。

第三阶段（6个月～3岁）：特殊情感联结阶段。婴儿特别喜欢和母亲在一起，当母亲离开时则哭喊、不让离开；别人不能替代母亲而使婴儿快乐；当母亲回来时，婴儿会马上变得很高兴；当看到陌生人时，不再微笑，而是紧张、恐惧，产生“怯生”现象。

因为婴儿依恋的对象通常是母亲，所以下文中以母亲为例来做说明。也有一些情况下，婴儿依恋的是其他成人，比如爸爸、祖父母等，以此类推即可。

安全型、回避型和反抗型这三种类型的依恋，是根据母亲在场时、离开时、归来时等情境，对婴儿的不同表现进行区分、归类。

安全型依恋的孩子不需要时时与母亲依偎在一起，母亲在场时很愉快地玩，母亲离开时感到紧张不安，母亲回来时会马上寻找与妈妈的接触，并回到快乐状态。

回避型依恋的孩子对母亲是否在场无所谓，在与不在都没有明显的情绪差异，既不开心，也不伤心。

反抗型依恋的孩子是一种矛盾焦虑状态，母亲在场时并不能安心愉快地玩耍，而是紧张地时时观察母亲是否还在，母亲离开时会非常不安，但是母亲回来时既寻求与母亲的接触，又反抗与母亲的接触。

那如何形成安全型的依恋关系？

安全依恋的形成，与父母能否敏感地觉察到婴儿的各种需要（食物、水、温暖、舒适、解除痛苦等）并及时满足有关，还与父母是否以适合婴儿情绪与认知能力的方式，与婴儿进行游戏式的、愉快的交往活动有关。

相应地，婴儿是否能建立安全依恋有两个预测指标：

第一个指标，父母能否敏感地察觉到婴儿的需要与反应，并根据这些信号来调整自己的行为。

第二个指标，父母与婴儿游戏的主动性、自发性。

因此，敏感的、有趣的、积极的、喜欢和宝宝愉快交流的父母，是婴儿喜欢的父母，是他们愿意信赖、感觉安全的港湾。

> 如果父母把小婴儿视为一个独立的、能交流的人，和他说话，抚触他的肌肤，吸引他的视线追踪，逗他开心，观察回应他的需求和反馈，和他一起玩游戏，如探索游戏、假装游戏等，安全的依恋便有了建立的基础。

婴儿依恋伴随着分离焦虑。

当妈妈离开时，宝宝会紧张不安，会哭着不让妈妈走。我观察我女儿的分离焦虑在2岁半时才基本消失。起初也是哭，后来她知道妈妈只是出去办事，会回来的，便渐渐能愉快地和我说再见。待我回到家时，她往往马上扑进我怀里，眼睛笑得眯成一条缝。

有两个游戏可以帮助宝宝减少分离焦虑。

“躲猫猫”游戏，帮助孩子建立“客体永存性”。在不足5个月的婴儿眼里，看不见的东西就是消失了。而5～12个月，会建立起“客体永存性”，婴儿认识到，一个物体虽然不在眼前但它仍然存在于某个地方。“躲猫猫”的游戏就可以帮助婴儿认识到，妈妈虽然不在眼前，但是妈妈没有消失，只是暂时看不见了。孩子对“躲猫猫”的兴趣会持续到小学，是生命力特别强的游戏。

“充电电”游戏。这是我和女儿之间的特别游戏。每次我要单独出门时，先抱起她，然后跟她说：“妈妈要出去办点儿事，办完了就回家。”她通常都是不愿意，哼哼唧唧地哭或是要跟我一起走。这种情况下我就提议：“那我们来‘充电电’吧！”然后我们一边抱着左右摇摆，一边用夸张开心的语调和她唱：“充电电，充电电，一二三四五……”一般唱到二十，或是唱一首歌，她就会主动说：“好了，拜拜！”

“充电电”既是一种爱的充电仪式，也是和孩子温和地表态：“妈妈爱你，但妈妈要暂时离开一下。”

待她大一点儿，3岁以后，也偶尔有追着出门的情况，这时用得比较多的是假装游戏，在第一章第三节有提到。

3~6岁

鲁宾（Rubin）研究表明，社会性游戏行为可以作为今后社会性适应情况的预测指标。如果幼儿的游戏发展滞留在独自游戏与平行游戏的水平，或缺乏需要合作的社会性表演游戏的能力，那么今后的社会性适应上将遇到困难。

维果斯基认为：“儿童最大的自制力来自于游戏之中。”游戏使孩子自愿地遵守规则，调节游戏规则与自己当下冲动或愿望之间的矛盾。这种遵守与执行规则的行为是内部动机驱动的，而不是来自于他人外部的要求、命令与奖赏。

不难发现，维果斯基提到的游戏是指社会性游戏，而不是单独游戏。由此可见，社会性游戏对儿童社交能力发展的重要性。

所谓社会性游戏，是指游戏至少有2人同时参与，有互动或合作，常见于亲子之间和同伴之间。

亲子间的游戏，父母乐于与孩子游戏，以及对孩子的需求能给予敏感的反馈，是安全依恋关系和良好亲子关系的基石。婴儿期的安全依恋关系是社会化的关键第一步，它让孩子对社会群体的基本态度是信任的、积极的。

同伴间的游戏，相比亲子间的游戏对儿童社交能力提升更为明显。同伴间因关系平等、心智接近、情境更复杂多样，所以出现的困境和冲突会比亲子之间频率高，复杂度也高，解决这些冲突的过程就是社交能力提高的过程。

同伴之间玩什么游戏最利于社交发展呢?

在第二章第一节中提到，有两个维度来对儿童游戏进行分类。

其一是社会化角度，主要分为无所事事游戏、单独游戏、旁观游戏、平行游戏、联合游戏、合作游戏。其中前三种属于非社交活动，后面平行、联合和合作这三种的社交程度逐步递增，其中合作游戏是社会性程度最高的游戏。

其二是认知角度，主要分为探索游戏、关系游戏、假装游戏、建构游戏、规则游戏。

两个维度结合起来，对儿童社交能力发展有帮助的就是：

社会性的探索游戏

社会性的关系游戏

社会性的假装游戏

社会性的建构游戏

社会性的规则游戏

不过，认知角度的这几类游戏类型在人与人之间的合作需求方面存在天然差异，比如探索游戏和关系游戏集中在0～2岁，对合作的需求低。而假装游戏、规则游戏对合作的需求高，假装游戏里的角色扮演往往需要两人以上对戏，规则游戏也至少需要两个人一起玩。建构游戏处于中间态，可以独自玩，也可以多人合作玩。

所以从常识来说，假装游戏和规则游戏是对儿童社交能力发展最有帮助的游戏。心理学研究也表明，假装游戏和规则游戏最为适合。

考虑到假装游戏从1岁半就开始了，而规则游戏一般要到4岁以后，以及很多父母还没意识到假装游戏的巨大价值，甚至给它贴上“无聊”的标签，所以这里重点介绍假装游戏对社交的帮助。

在陪伴女儿成长的这几年里，我深刻体会到假装游戏对她社交上的帮助。起初我并不能预知到这个影响会有多大，只是因为她喜欢，以及我自己的直觉，于是就义无反顾地陪她玩这种“无聊”的游戏。

在竞争激烈的幼升小面试中，她当场拿到某双语学校的offer，打动老师的，除了她的英文水平，我觉得最重要的就是她与人交谈时的从容了。

她是蹦蹦跳跳去见面试官，然后又蹦蹦跳跳地出来，这状态引得一旁其他家长也侧目。

其实，女儿在小班甚至中班的时候，还羞于在老师和小伙伴面前说话。记得有一次扮演空姐，她站在我和她爸爸面前说一句台词就得低一下头害羞地笑一下，而现在的她，能在我们面前情绪饱满、表情丰富地跳完整首*Let it go*自编“舞蹈”，以及无数自编剧本。

虽然有时候我被她的剧情安排得要满地打滚，但是陪孩子玩就得扔掉面子和端庄。我小时候拿浴巾当斗篷，把门锁上，一个人躲在房间里偷偷演戏，怕被家里人看到笑话。在这一点上，女儿比我幸福太多，我们不仅是她的忠实“影迷”，还是她可以随时调遣的演员。

不仅在家里演，我还带着她到我的亲子营，和一群小伙伴、一群父母一起演戏，在林间、草地、小溪旁，自由奔跑、探索，孩子们在社交中逐渐打开自己，了解对方，建立友谊。

其实，几乎所有的孩子都爱假装游戏，但是在重认知教育、轻情绪社交能力（或者是不知道怎么培养）的大环境里，这是一块尚未被很多父母所看到的成长宝地。

如果这本书能让你重视假装游戏，放下身段，放下面子，陪孩子演戏，我写此书的重要目标之一就达成了，我会非常欣慰。

关于假装游戏的详细解读，请见本书第二章第三节。

专题　如何加入同伴游戏

学前期是社交能力形成的重要时期，也是学前期的重要任务，这些能力包括：

- 如何发起并维持与伙伴的交往。
- 想参与他人游戏时，如何加入。
- 当遇到冲突或意见不一致时，如何寻求双方都满意的方法，而不是用攻击性行为来解决冲突。

如前文所述，假装游戏和规则游戏是非常好的两类社会性游戏，其中假装游戏因为它相对开放的情境，人物可多可少。人数多时可以多人一起演一个角色，人数少时可以一人分饰多角，场景也可繁可简，所以非常适合作为同伴之间合作游戏的平台。

比如，一个孩子看见四五个小朋友正在玩餐馆游戏，他也想加入，他有多种方法可以加入。

- 请求。比如，对其他小朋友说："我可以和你们一起玩吗？"或不说这句话，而是直接参与去帮忙。
- 提供帮助。比如，发现游戏中还没有服务员，就主动来承担这个角色；或者发现用来做筷子的棍子有点儿长时，主动去找短一点儿的棍子来代替。

- 平行游戏。比如，其他人正在玩开餐馆炒菜的游戏，想加入的小朋友也找来一些树叶、棍子在他们旁边炒菜。这种形式非常常见，小朋友慢慢就融入到了一起。
- 邀请。与加入其他人不同，这个方法是自己设一个也很好玩的“摊位”，然后邀请别人来参加。比如，邀请其他小朋友：“我们一起卖冰激凌怎么样？”

不同的方式，同伴的反馈会有不同。伙伴间的相互作用是儿童社会化的重要影响因素。与儿童和成人的交往相比，儿童与儿童同伴交往中产生的关于世界的不同看法与认识更具冲突性，而且能够有效地促进儿童调整自己的观念，以适应、理解他人的观点。

社会性游戏对儿童提出了三方面的要求：

- 理解他人的意图，通过对方的动作和表情等综合语言，读懂他人，区分什么时候是游戏，什么时候不是游戏。
- 表达自己关于游戏的构思和想法。
- 理解游戏规则对于游戏的重要性（比如等待、轮流），并遵守规则。

案例 “有攻击性”的孩子如何融入集体

2018年5月，我的亲子营来了一位小朋友，4岁多，名字叫嘟嘟（化名）。他们来之前妈妈在报名表里给我留言，说最近为嘟嘟的肢体语言很发愁，他跟人打招呼不用嘴而是用身体，并且力气很大，以至于被老师和小朋友解读为“攻击”。妈妈常常接到老师和小朋友家长的“投诉”，为此家人都很苦恼，作为妈妈，她压力最大。

第一天见到嘟嘟时，他很大方地和我打招呼，给我看他的闪电麦坤，很阳光。

我在等待妈妈笔下的嘟嘟何时出现。

第一天的活动主题是破冰游戏。我和孩子们正在玩“猜猜ta是谁”，忽然感到后背被一个小拳头捶了好几下，很有力度，回头一看，是嘟嘟。

有妈妈的“前情介绍”，我明白他是在跟我打招呼，且表达的是喜欢，因为他的表情是愉悦的。我没去批评他，转身跟他说：“嘟嘟，你这样捶我，我好疼的。”嘟嘟没说啥，我们继续游戏，他偶尔也会再过来捶捶我“打招呼”。

第二天的活动主题是绘本剧。首先是回忆故事情节，其他小朋友正在讲故事，他忽然学着恐龙的样子嘶叫起来，且音量很大。我提醒他：“嘟嘟，你的声音有些大，会影响到其他人听故事。”不过，提醒效果一般。

有了这两次的观察，我开始等待一个合适的时机和他一对一交流。

第二天下午，是比较自由的活动——农场探索。我们一行人走走停停，玩着各种探索游戏：找瓢虫、挖土豆、喂小猪、喂山羊，等等。

有一段路，恰好只有我和嘟嘟一家在一起，嗯，时机来了！

我跟嘟嘟说：“嘟嘟，我们来玩个游戏吧！”

嘟嘟回我一个笑脸。

“今天上午讲故事的时候我听到你模仿恐龙的声音超级大，现在假装我是一个开关，我说‘大’，你就很大声地吼叫，我说‘小’，你就小声地叫一下，好不好？”

嘟嘟欣然同意。

我大声地说：“大！”

嘟嘟很开心地大吼一声，震裂山谷般的气势，一看便知，他很享受这样的时刻。

接着，我小声地说：“小。”

只见嘟嘟有意识地减小了音量，再次发出“嗷嗷”声，声音明显比之前小一些，不过还可以更小。

于是我提醒他再小一点。他马上领会，进一步减小音量。

游戏进行到这里，按常理，再多玩几次让他熟练掌控自己的音量力度就可以结束了。

不过，接下来我又加了一段游戏，原因我在后面会为大家解释。

我跟嘟嘟说：“现在由你来控制我，你是我的开关，你说‘大’，我就很大声地叫，你说‘小’，我就很小声地叫。”

嘟嘟很开心地做起了我的开关按钮，于是农场响起一个女汉子的大吼声。

后来嘟嘟跟我说：“你再加一个‘中’吧！”

孩子的领悟力多强啊！光有“大”“小”，两者的幅度差异太大，来个“中”，才有了恰如其分的音量！

就这样我们玩了好几个来回，到最后每次我说“小”，他几乎都是猫在我的耳边说悄悄话，样子可爱极了。

可能大家想知道，经过这个游戏，嘟嘟还会不会继续在大家讲故事需要安静的时候大吼一声呢？还会不会用手来捶后背打招呼呢？

答案是，没有立刻就停止。

但我明显感觉他的频次减少了，而且提醒他“调低音量”之后，相比之前能更快做出调整。

好，叙述完嘟嘟的故事，来讲讲为什么我要和他玩这样的游戏，以及游戏如何帮助到他。

1.为什么我要先说“大”

嘟嘟是很有力量感的孩子，大声说话，大力挥手，这些都让他很愉悦。

喜欢力量，这本身无对错，孩子需要的是调控力量的能力：需要大力量的时候能大起来，需要小力量的时候能小下去。

所以我和他玩这个调音量的游戏，帮助他练习如何调节自己的身体，如何有意识地控制力度大小。

但是我不能直接对他说我心里的这个目标，因为那样会使游戏丧失其根本特质——愉悦，孩子可能立刻就不跟我玩了。

所以我选择先说“大”（和小朋友游戏的秘诀之一——“投其所好”），让他感受到我是懂他的，而不是来批评他、压迫他的，接下来他才会愿意玩“小”音量，我的目标才有可能实现。

> 当一个人被看到、被尊重时，他内心会生长出自信，会更愿意真正地配合对方的“开关”。
>
> 孩子因为被批评、被恐吓后的配合，没有发自内心的驱动力，这种配合会是短暂的、迷茫的。

2.为什么还要让嘟嘟来当我的“开关”？

几乎所有玩假装游戏的孩子，都想扮演那个“强者”。比如，宝宝都喜欢演老师，而不是小朋友；宝宝都喜欢演妈妈或爸爸，而不是宝宝；宝宝都喜欢演哥哥姐姐，而不是弟弟妹妹……为什么？因为孩子非常需要掌控感。弱小的他们很想掌控一些事情，比如，吃想吃的食物，玩想玩的玩具，去想去的地方、做想做的事情……但身体所限，能力所限，生活中有太多的事情是他们无法掌控的，于是他们就从游戏中获得这种成就感。

我和嘟嘟玩的第一轮游戏中，我是“开关”，我能控制他的音量，我是掌控者。而我提议的第二轮游戏中，嘟嘟是“开关”，他能控制我的音量，他是掌控者。这样的角色互换，就是给予他掌控的机会，也让他因此感觉到我们之间的平等：大人不是高高在上，他们也和小孩一样。

虽然宝宝各不相同，但每个宝宝又都有相同之处。他们都希望被尊重、被理解，也需要指引和帮助。如果他们身上显现了某些“问题”，对他人造成了困扰，首先请不要用我们成人世界的道德标准去评判，因为小于6岁的孩子还没有建立稳定的道德观。此时孩子需要的是我们用他听得懂的语言、看得懂的动作、乐于参与的方式来帮助他，比如游戏。

关于假装游戏和规则游戏的专题介绍，详见第二章的第三节、第五节。

03

创造力
来自哪些游戏

什么是创造力？这三个字的含义大家都知道一些，但若讲出来，每个人的说法都不尽相同。心理学对它的定义是：

> 创造力是根据一定目的和任务产生具有社会或个人价值，具有新颖独特成分产品的一种能力品质。创造性思维是其核心和基础。

用大白话解释一下，创造力有三个关键词：独特、价值、主动。

独特。有新颖独特的成分，这是创造力的核心特征。

价值。具有社会价值或个人价值。所以那些破坏性的，有违于普世价值的活动或产品，即使有独特之处，也不能冠以创造力，比如传销。这里的价值不一定是以某种实物形式而存在，也不是世俗意义上的成功才算是有价值，它可以是精神层面的价值。

主动。是由某个目的和任务驱使的主动探索，不是漫无目的、误打误撞，不是天上掉馅饼式的运气所得。

研究发现，创造力高的人智商多在100～130，低智商难有创造性。人的平均智商在90～110，也就是说，中高智商即可有创造力。但是，高智商不等于高创造力，它只是高创造力的必要条件，而非充分条件。除了智商，还有其发散性思维水平、人格特质也会影响创造力。

富有创造力的人一般具有什么样的人格特征呢？达·芬奇、爱因斯坦，这些创造力的代表性人物，让我们走近他们的人生看一看。

在展开阐述之前，提醒大家注意一下，并非只有发明飞机、火箭这种才能算是创造力，生活中有很多创造性，我们也经常会被生活中的很多小创意所吸引。

列奥纳多·达·芬奇（Leonardo da Vinci），1452年4月15日出生于意大利佛罗伦萨以西27千米的芬奇镇（达·芬奇并非他的姓，它的意思是来自芬奇镇）。沃尔特·艾萨克森在《列奥纳多·达·芬奇传》中记载道：父亲皮耶罗当时25岁，是家族第五代公证员，已在佛罗伦萨开创事业，功成名就。公证员社会地位很高，能被冠以塞尔（Ser）的尊称。母亲卡泰丽娜·利皮当时只有16岁，是一个贫困孤儿。列奥纳多是他们的私生子，在他出生后不久，父亲皮耶罗和一位门当户对的女孩结婚，母亲卡泰丽娜嫁给本地一位农民。私生子在当时并非公众眼中的耻辱，所以小列奥纳多的洗礼不仅出席人数超过教堂日常，还有当地显赫绅士前来。

因为父亲大部分时间生活在佛罗伦萨，母亲又有自己的家庭需要照顾，所以列奥纳多·达·芬奇出生后和祖父母、叔叔生活在芬奇镇。祖父安东尼奥和叔叔佛朗切斯科都喜欢闲散舒适的田园生活，不似父亲皮耶罗那样有雄心壮志。又因为私生子的身份，按照当时公证员行规无法继承家业，列奥纳多没有被送进父亲所在阶层通常选择的拉丁语学校，他所受的传统意义上的正规教育仅限于“算盘学校”里的商业算术，所以列奥纳多主要是自学成才，这也为他成为“实验的信徒”埋下伏笔。

列奥纳多12岁离开芬奇镇，来到父亲事业所在地佛罗伦萨。皮耶罗注意到儿子从未停止过绘画和雕塑，于是在列奥纳多14岁时为他找了一份学徒工作，师傅安德烈亚·德尔·韦罗基奥是一位多才多艺的艺术家和工程师，也是父亲皮耶罗的客户。不过，师傅肯收徒不是因为父亲的面子，而是被列奥纳多的画作所打动。

《蒙娜丽莎》《最后的晚餐》是达·芬奇享誉世界的作品，但其实他不仅是画家，还是一位科学和工程技术研究者，对解剖学、化石、鸟类、心脏、飞行器等很多领域都有创新研究，堪称跨界奇才。

是什么造就了他在多个领域的创造力?

《列奥纳多·达·芬奇传》一书的作者沃尔特·艾萨克森尝试从列奥纳多7200多页写得满满的笔记手稿中找到他从凡人到天才的创造力密码，发现这位左撇子实验信徒用镜像字从右到左所做的笔记中时常出现以下这样的疑问和日程安排。

“天空为什么是蓝色的？”

“为什么水里的鱼比空中的鸟儿动作更加敏捷，难道不应该是相反的吗？水可是比空气要重、要黏稠啊！”

“询问本尼德托·波蒂纳里，他们在佛兰德斯冰上行走是怎么回事儿。”

“测绘米兰城和郊区。”

“每周六去公共浴室，你能在那里看到裸体。”

“描述啄木鸟的舌头。”

……

列奥纳多强烈的好奇心由此可见一斑。他几乎对什么都好奇，常人司空见惯，他却要刨根问底；常人看不到，他却明察秋毫。所以，难怪史学家肯尼斯称他为“史上好奇心最旺盛的人”。好奇心对创造力的贡献，除了达·芬奇，阿尔伯特·爱因斯坦（Albert Einstein）的经典名言“我没有特别的天才，只有强烈的好奇心”也是相当好的例证。

创造力只有好奇心这一个密码就够了吗?

我觉得有好奇心的人很多，比如小孩子，几乎都有“十万个为什么”等待大人回答。是什么将达·芬奇的好奇心与常人的好奇心区分开？

我认为是探索精神。达·芬奇不仅好奇，他还做了两件事：第一，将好奇的事物写下来；第二，去搞清楚好奇的事物。第一步看似很简单，但能完成这一步的人已经很少，完成第二步就更少了。很多人只停留在了好奇，却没有实际行动——探索。

他称自己为“实验的信徒”，对权威的传统知识不盲目跟随，他身上集合了几百年后被称为批判性思维和科学实验方法的思维方式和行为模式。比如他对人体心脏的研究。在列奥纳多·达·芬奇所处的15、16世纪的欧洲，人们对心脏的认识来自2世纪盖伦的观点：血液产生于肝脏由静脉输送全身，生命灵气产生于心脏，由动脉输送全身；无论血液还是生命灵气，它们都不会循环，而是在静脉和动脉中如潮汐般往复；心脏只有两个心腔。达·芬奇提出了自己的观点：第一，血液系统的中心是心脏而非肝脏，动脉和静脉都从心脏发出，并画出了详细的根系图，他是第一个分析血管如何逐渐变细的人；第二，解剖了一头仍有心跳的猪，显示心脏上下各有两个心腔（也就是我们现在所知的两个心房、两个心室）。不仅如此，他还根据自己对流体力学的研究提出血液流入主动脉时会形成涡流，涡流让心脏与主动脉间的三角形瓣膜展开，盖住开口处，防止血液回流；而主流观点则认为，盖住开口处是靠上方血液的压力。为了验证这一点，实验信徒列奥纳多在笔记本上设计了一个心脏玻璃实验模型，他指出可以通过撒入草籽让水流变得更清楚。四五百年后，人们才意识到列奥纳多是正确的。20世纪60年代，科学家做了一项几乎和列奥纳多所描述的一模一样的实验，实验显示：一种流体动力学控制机制让瓣叶远离主动脉壁，这样极轻微的血液回流也能关闭瓣膜。这正是列奥纳多16世纪初所认定的。外科医生舍温·努兰称：“在列奥纳多留给后世的所有惊叹之中，这似乎是最非凡的一项。”

达·芬奇的创造力还有一个重要因素，我认为是敏锐的观察力，这也是他丰富想象力的基础。为了让盾牌上画的怪兽看起来更真实，他把蛇、蜥蜴、蝴蝶、蟋蟀、蚱蜢、蝙蝠等动物的肢体组装到了一起，因为画得太久，动物尸体都臭了，但这丝毫不影响他继续创作。《最后的晚餐》更是融入了他长久的观察和记录的笔记，当耶稣平静地说出“你们中有一人要出卖我”的那一刻，十二个门徒，十二种手势，十二种身体姿态，十二种表情，透露着每个人的心思，也透漏出那个叛徒是犹大。整个画面犹如一幕舞台剧，栩栩如生，充满故事感。为什么达·芬奇能通过静态的画面表达出如此丰富错综的心理故事，如果你见过他外出就餐随身携带的袖珍笔记本中记下了什么就不奇怪了：一个人双手的手指绞在一起，皱着眉转向他的同伴；一个人双手摊开，露出掌心，双肩高耸及耳，惊讶得目瞪口呆；一个人对着邻座耳语，邻座的人侧耳倾听，一手拿着餐刀，一手拿着切到一半的面包……是不是每个人的手势动作都有细致准确的观察记录？是不是这些人物仿佛就坐在你面前？再比如《蒙娜丽莎》，我们往往只惊叹于她迷人的微笑，却不知达·芬奇专门解剖过嘴唇，探究唇部肌肉和微笑的关系。

有人说列奥纳多·达·芬奇是天才，我更倾向于认为他是一位对我们所处星球充满了极高热情的人，好奇、探究、观察、记录、想象、实践，乐此不疲。他对生命的热忱比他的作品更为打动我。

那创造力能培养吗？

如果你问，能否按照某个模板来培养？答案是不能。

如果你问，是否有可以遵循的原则？我认为有。

父母可以做这三件事。

第一件事，个性培养。

好奇心是达·芬奇、爱因斯坦创造力的源泉，因为好奇，所以探究；因为探究，所以创造。

让孩子保有好奇心，是培养他们创造力的第一步。

为什么是“保有”好奇心，而不是“培养”好奇心？因为孩子天生好奇，脑子里有十万个为什么，只是随着时间的推移，人的好奇心或多或少会磨损，甚至被磨灭。

所以好奇心不用培养，减少损耗就好了。

如何减少？两个字：懒、忍。

“懒”是指与孩子对话的艺术。面对孩子十万个为什么的问题：蚂蚁看得见我们吗？世界上第一个人是怎么来的？天上真的有雷公吗？父母是马上告诉他能想到的答案，还是把“球”踢回去？我的建议是，家长“懒”一点儿，不要把球一直控在自己脚下，而是把球还给孩子，因为寻求答案的过程比答案本身更重要：寻求答案的过程是把好奇心付诸探索行动的关键过程。具体做法是：对于答案非常确定的问题，例如“蚂蚁看得见我们吗”，一部分直接讲给孩子听，一部分鼓励孩子自己亲眼观察、亲身体验，去看书问人，或是上网找答案。这个过程就像跑进树林找松鼠，不仅发现了松鼠，还亲身感受了树皮、掉落的松果、树下的二月兰和夕阳下的小径，这些远比一张松鼠的图片来得丰富而真实。对于答案不确定的问题，例如世界上第一个人是怎么来的，我们可以坦诚相告，让他了解现有的各种猜测，期待他能找到答案。未知，是好奇心的驱动力，不要让正确答案占满孩子整个世界。

关于孩子的“十万个为什么”，还有一点也很重要，那就是让孩子愿意和你来探讨这些问题。为什么这么说呢？我小时候脑子里也有很多“为什么”，比如为什么会出现“我”这个概念？人死了以后，“我”这个感觉（灵魂）会消失吗？会不会在另一个空间里有一个同样的我？但是这些问题我从来不会跟我的父母说，因为我觉得他们好像不关心我心里在想什么，我的感受是什么。而现在，上小学的女儿会问我们第一个人从哪里来，上初中的儿子会主动和我们探讨人为“什么”而活着。我认为这是时代的进步，轻松的家庭氛围更鼓励亲子之间的沟通。

“忍”是指对孩子“瞎折腾”的容许。孩子从小就会进行各种探索历险，一岁时啃、一两岁扔、三四岁建、五六岁拆……这些行为在成人眼里可能是捣乱、瞎折腾，因为他们的操作对象不符合成人的常规思维，不仅啃胡萝卜也啃石子儿，不仅扔球也扔书，不仅建房子也建路障，不仅拆乐高也拆家电。对这些活动我们持什么态度好呢？一个字：忍！只要不涉及安全问题，不损害他人利益，都可以忍。不仅忍，还要主动创造更安全丰富的环境，给他留白的时间和空间，让他更痛快地折腾，因为这是他由好奇心驱使着的、自发的、动力满满的探索活动，极大地丰富着孩子的体验，发展着他们的思维。比如，莱特兄弟的父亲不仅不阻止兄弟俩把街上捡来的各种废品带回家，还专门买了一架玩具飞机给他们拆着玩儿。

这里我用了“忍”字，看着很辛苦的样子，但是如果你读完这部分内容，并因此改变态度去看待孩子的这些行为，苦味就没了，取而代之的是观察他们折腾的乐趣。

第二件事，多观察，多输出。

无论达·芬奇的绘画还是乔布斯的苹果，无论艺术还是科技，都绕不开观察，因为观察是我们头脑加工的输入，不可缺少。不同的是，达·芬奇观察人的姿态、情绪之后是画出来，莎士比亚是写出来，而乔布斯是设计产品。输入相同，输出则是各式各样。孩子也是，有的喜欢画画，有的喜欢说话，有的喜欢搭建，有的喜欢表演，有的喜欢运动，正如瑞吉欧学前教育模式创始人罗尔斯·马拉古齐（Loris Malaguzzi）所说：“儿童有一百种语言，无论画画还是表演，都是他们的‘说话方式’，是儿童的‘语言’。”

每个人头脑中都有一个过滤器，滤掉不感兴趣的部分，留下喜欢的内容，所以在同样一个场景下，比如动物园，有的孩子看到了老虎、兔子，有的看到了好多小朋友，有的看到了天空流水，有的看到了花草树木，有的看到了来来往往的车辆，有的看到了人群中各式各样的衣服，这就是个体喜好差异，可以成就我们每个人独一无二的华彩。

喜好没有高低之分，表达方式也没有优劣之分，只要是孩子喜欢的，就可以从这里出发，创造更多样的场景去观察，又以输出带动更深入的观察，发展他的创造力。比如，喜欢车辆的孩子，可以带他到停车场、马路边认识车，买一些模型车玩具给他玩，和大人一起去修车洗车；喜欢花草树木的孩子，可以带他去户外绿地、植物园、郊外农庄体验，春天和他一起在花盆里种植一株植物；喜欢观察人物的孩子，可以带他去社交，去餐馆，去看舞台剧，看制作精良的电影；等等。

有了丰富的输入之后，如何鼓励孩子输出呢？给他布置任务，比如看完《冰雪奇缘》就让他画一幅画，复述故事，搭一座里面的场景，演一个片段？

不不不，千万别这样生硬地来，会把孩子自发的兴趣堵回去。

我们可以做的是，搭个梯子让孩子顺势往上爬。怎么搭梯子？比如，把《冰雪奇缘》里安娜来冰雪城堡找艾莎的场景打印出来，往孩子看得见的地方一贴，接下来你别说话，因为这张照片自己会说话。喜欢画画的孩子会自然地拿起笔画人物或是城堡，爱搭建的孩子会拿起乐高或是积木来搭城堡，爱演戏的孩子会自己演起来或者找你搭戏，喜欢讲故事的孩子会和你回忆这里发生的故事。

我女儿喜欢假装游戏，又喜欢《冰雪奇缘》的故事，于是我打印了好几张电影里面的场景，贴在鞋盒里面，并取名“魔法盒”，因为它外表就是一个普通的鞋盒，但是打开立刻进入了冰雪王国的画面。她放学回来发现这个魔法盒后很激动，先是用扭扭棒靠“墙”搭了一个壁炉给冰冷的安娜烤火用，然后用积木给斯温搭了个住所，又用黏土给它做了食物，然后自导自演了起来。

这就是父母搭个脚手架的力量，创造环境，让环境自己说话，“润娃”细无声。

另外，需要特别提到的是，观察不仅包括最直接的体验，也包括间接体验，比如看这个领域其他人的作品、大师们的作品。所以带孩子看画展、看演出、看设计、体验新科技，都是很好的输入，而且非常有必要。

有人觉得创造的意思是头脑中总有天马行空的想法，这是对创造的误解。创造力需要丰富的知识积累和较强的感知力，不是天马行空，几乎每一个创造都是踩在前人肩膀上再往前迈出独特的一步，完全从零到一的创造是极少的。不必害怕看了别人的东西会丢了自己的个性，因为每一次蜕变都是破与立共存。

父母也可以起到帮助的作用，在孩子探索的过程中，如果他遇到了很大的困难，如果不拉他一把，这事估计就搁浅，而你恰好又能帮上忙，此时可以启发式地问孩子一些问题或是给他一些提示，让他借助你搭的梯子继续往上走。这也是父母陪伴的作用。

有的父母说，我不知道我的孩子喜欢什么，也不知道他喜欢什么表达方式。这就需要你去细心观察了。了解孩子是我们作为养育者（园丁）的职责。如何观察？方法就是在你不发出任何指令的情况下，观察他通常在做什么，那就是他喜欢的内容和方式。这也是给孩子生活留白的意义所在。留白时间是他自己的，他想做什么就做什么，这个时间既是他可以充分发展自我独特性的时候，也是我们观察了解他的最佳时机。

就我家来说，闺女在她独处的时间会找来各种道具，沙发靠垫、椅子凳子、毛绒玩具、小马宝莉、碎布头、碗碟刀叉等，布置出一个上下两层温馨的家、一驾马车或是一个游乐场，然后开始演戏，睡觉、吃饭、玩耍、出门、上车下车、互相照顾等；有时候是翻书看，故事书一小时能翻几十本；还有时候画画，画面里基本都会出现人物，开心的、伤心的、坐着的、站着的，推着宝宝的、正在生宝宝的、玩耍的、喝果汁的、结婚的，应有尽有。儿子小时候就不一样，摆弄积木、乐高、轨道等拼搭玩具特别多，搭立交桥、建房子，然后拿着车子在搭起来的路上开，演绎红绿灯、交通事故各种场景；喜欢看的书以科普书居多；也喜欢画画，画飞机、汽车，交通工具是他长期的主题。

这就是孩子与孩子的差异，一朵花与另一朵花的差异，生命中弥足珍贵的与众不同。

> 我常常想，每个正常人其实都能凭着自己的喜好和擅长立足于这个社会，都有或大或小的天赋来安身立命。但是现实中很多父母无意识地就削去了孩子独特的枝丫，而去盲目追求养一个“标准化的好孩子”。

从现在开始，珍视孩子的与众不同吧，这是他们为自己非凡的创造力播下的种子，是他们生命特有的颜色。

第三件事，发展发散性思维。

发散思维（Divergent Thinking）是指大脑在思考时呈现的一种扩散状态的思维模式，它表现为思维视野广阔，思维呈现出多维发散状。如一题多解、一事多写、一物多用等方式，均可培养发散思维能力。

发散思维是创造性思维的核心成分，因为发散思维能提供尽可能多的解题方案。尽管不是每一个都有价值，但是发散破除了定规，多样提高了可能性，是创造性思维必不可少的关键元素。

如果说创造力培养这件事能有什么像操作手册一样的条目，恐怕就是这个部分了。但是千万不要掉进这个误区，以为创造力培养靠下面这些内容就可以了。前面两个部分是核心，缺一不可。

发散性有以下两个具体的表现方式。

相同的材料，不同的用途。比如，一个玻璃瓶最通常的用途是充当容器，装水、装果汁，但是它还可以做花瓶，装满豆子做装饰品，还可以拿根筷子敲一敲当作乐器，瓶子里装入不同高度的水就会发出不同的声音，野外生存时还能敲碎了当刀用。

相同的目标物，不同的材料。比如用不同的材料做一棵树。这里又不得不提到假装游戏了。20世纪80年代，邓斯克（Dansky，1980）、哈特（Hult，1972）、克拉克（Clark，1988）等心理学研究者研究发现，作为创造性核心成分的发散性思维，其与假装游戏密切相关、相互作用，喜欢假装游戏的儿童表现出更高的创造性。这与儿童在假装游戏中需要运用生活环境中各种物品来创造出想要的场景，运用生活日常演化创造出很多虚拟的情节有关，这些都激发了他们对物品、生活细节的发散性思维。

04

专注力游戏

无论是上学后的学习，还是学龄前的玩耍，想要做好一件事情，都离不开专注，或者说离不开注意力的集中。

孩子的专注力可以在很多事情中得到锻炼和检验。例如，用心下完一盘棋，搭成一座城堡，整理完自己的房间，和小伙伴完成一场演出，等等。不过这些都是比较大的事情，耗时长、要求高，对低幼宝宝有难度。如若想培养孩子的专注力，从一些小的任务、小的专项游戏人手则更好。

英国戏剧教育家布莱恩 · 韦（Brian Way）认为，初期的戏剧专注练习可以从人类的五觉（听觉、视觉、触觉、嗅觉和味觉）开始，对感知记忆进行专注演练，以培养学生对环境的延续注意。《创作性戏剧教学原理与实作》一书作者张晓华教授很详尽地对每一觉进行了全体活动和分组活动的练习举例，比如听觉，全体活动时学生闭上眼睛，一起聆听屋外 / 室内的声音，聆听自己的呼吸声 / 心跳声，然后轮流叙述；分组活动时会两人一组，一个发声一个聆听，然后互换。

这个思路可以推广到更广泛的专注力培养上。不过，对于6岁以下的孩子，要考虑到他们的注意力保持能力还相对较弱，采取活泼有趣的互动游戏形式，才能让活动顺利进行。

听觉——听音辨物

找来多种材质的物品，例如陶瓷、玻璃、塑料、金属、木头、棉布等，以及一根筷子/棍子。把这些物件摆成一排，一人敲，一人听，熟悉每种材质物品的发声。一人拿筷子敲，另一人背过身去（或蒙上眼睛），根据敲打出的声音来辨别是什么物品。可以交换角色再玩。

根据年龄来确定物品数量，例如2岁用2种，3岁用3种。

听觉——听音辨人

可以听音辨物，自然也可以听音辨人。

几个比较熟悉的小伙伴在一起时，可以围成一个圆圈来玩听音辨人的游戏。先手拉手围成一个圆圈，大人站在圈外来主持游戏，每次请一位小朋友出圈（假设为A），背对着其他小伙伴（假设为B、C、D、E），然后主持人随机点一位，请他说话，比如B说：“我是小兔。”然后由A来猜是谁在说话。

这个游戏也可以在家庭聚会时玩，若游戏成员之间太熟悉，则可以加一点小技巧，比如变一变声音语调来迷惑对方，以增加游戏难度，这样会变得更有趣。

下图是在我的亲子营里玩听音辨人的场景，爸爸妈妈被蒙上眼睛，要根据孩子们的声音去找到自己的宝宝。

听觉——倒着说

在第五章也将介绍一种不需要道具就可以玩的听觉注意力游戏。规则很简单，一个人说2～6个字，可以是一个词，也可以是一句话，另一个人把它的顺序倒过来说。例如，妈妈说："12345。"宝宝说："54321。"妈妈说："我是笨蛋。"宝宝说："蛋笨是我（刚开始很容易说成笨蛋是我）。"

还有第五章"赤手空拳也是玩具"这一节中的复制节拍、相反反应都是听觉注意力游戏。

视觉——粗心大王

小朋友在户外活动时都喜欢在草地上奔跑，如果只有妈妈和宝宝一起跑，来回追逐几次之后多少会感觉有点乏味，加一点儿变化，让奔跑更有滋味！

准备6件左右道具，可以从家带，也可地上捡（比如树叶），一人先边跑边"粗心"地弄丢了手中的树叶，等丢完了，另一个人再去把这6片树叶找回来。

我当粗心大王时唯恐"天下不乱"，撒得很分散，所以女儿通常不能一次性寻觅到这6片树叶，有时能找到4片，有时能找到5片，我就问她："还有几片呢？"通过提问，让她对于数的概念的理解又更进了一步。所以，游戏中其实有很多学习的机会，即使你不是以学习为主要目的，也是如此。

当我们交换角色，让女儿来撒树叶时，她的做法则完全相反，经常一个地方放两三片，还指引我“在这里！在这里”。在游戏中你会发现小宝宝的思维很有意思。

视觉——镜子游戏

妈妈和宝宝面对面，对妈妈而言，对面的宝宝就是镜子里的自己，对宝宝而言，对面的妈妈就是镜子里的自己。两人的动作要尽量同步，且是镜像的。

没有谁占据主导，不是谁一直跟着谁做动作。假设刚开始妈妈比宝宝早0.01秒抬起手擦镜子，那么宝宝跟着做，中途宝宝想做另一个动作，只需要比妈妈稍稍早一点儿做出这个动作，妈妈就要跟着做，所以需要一直用心看对方的动作。

触觉——摸摸是谁

孩子闭上眼睛，摸摸爸爸、妈妈的手，或是衣服、脸，来判断哪个是爸爸，哪个是妈妈。有身体的接触，所以同时也是很好的亲情联结游戏。

女儿3岁多时，刚开始拒绝玩这个游戏，我说："那我先来摸摸你们的小手吧（当时正好有她的小闺密在），看看哪个才是我的女儿。"她俩就乐呵呵地把手伸过来，让我摸一下，后来女儿欣然接受了这个游戏。

顺着这个实例说一下，当孩子有点疑虑不积极参与游戏的时候，家长可以先"毫不迟疑"地玩起来，往往会很自然地把孩子也带动起来。

这个游戏还是一个超级棒的亲子团体游戏。小朋友围成一圈，由一位妈妈或爸爸蒙上眼睛，通过摸小手来找出自己的宝宝。我带着玩了好多次，每当爸爸、妈妈成功找到自己的宝宝，孩子们都特别激动，迫不及待地抱在一起，非常暖心。

上图是在我的亲子营里玩"摸摸是谁"游戏的场景。爸爸妈妈被蒙上眼睛，通过摸孩子们的小手来判断哪个是自己的宝宝。

触觉——百宝箱里摸宝物

除了猜人，还可以往袋子装进各种物品，让小朋友猜猜是什么，也很好玩！

这个游戏非常适合旅行时玩儿，带一些小物件，装在可以收口的不透明袋子里，一人说物品名字，另外一个人从袋子里摸出来，然后交换角色轮流玩。

嗅觉和味觉——闻香识物

准备三杯颜色相近的液体，可以闻，也可以尝，看看哪杯是红糖水，哪杯是醋，哪杯是酱油。

和我家两个小朋友玩这个游戏的时候，没一个愿意品尝，虽然尝无疑是最准确的。那就只好闻一闻了，看看他们一副小化学家的架势，逗死我了。

> 红糖水的制作过程要小心一点，不要用热水去冲调，因为会让三个杯子的温度不一致。另外，要把化不掉的红糖渣滤掉，否则很容易暴露，儿子就是通过晃杯子来辨别，还好我提前想到了这个细节。

05

宝宝入园焦虑如何解

上幼儿园，是宝宝成长路上的重要里程碑。

第一次离开熟悉的小家，独自进入陌生人群，随之而来的入园焦虑是很多宝宝要遇到的一道关卡。有的宝宝哭两周，有的宝宝哭一个月，还有的甚至哭一年。宝宝哭，妈妈心疼。

如何缓解入园焦虑，如何让宝宝从家庭小环境顺利过渡到社会大环境，几乎是每个家庭都会遇到的课题。

冷静下来想一想，小宝宝对新生事物有很多理由去抗拒，也有很多理由去喜欢，大人又何尝不是如此呢？类比我们换学校、换工作就能体会宝宝的复杂情绪了。所以，首先理解他，然后去帮助他。

如果他们能感受到去上幼儿园是安全的、熟悉的、有趣的，甚至是自豪的，又是日常的，适应幼儿园就不会太难。

上幼儿园是“安全的”

如果宝宝能明白去幼儿园和妈妈（或其他主要抚养人）的分别只是暂时的，放学后仍然能见到妈妈，依然能回到妈妈身边，他会感觉这件事是安全的，他不是被妈妈抛弃了。这件事在大人看来显而易见，但对于初涉世面的小朋友，理解并接受起来需要时间。

“躲猫猫”游戏能帮助孩子理解这一点。在不足5个月的婴儿眼里，看不见的东西就是消失了，而5～12个月的宝宝会建立起“客体永存性”——一个物体虽然不在眼前但它仍然存在于某个地方。“躲猫猫”的游戏可以帮助婴儿认识到，妈妈虽然不在眼前，但是妈妈没有消失，只是暂时看不见了。

让孩子感觉到安全，更重要的是在3岁前建立安全的依恋关系。因为从幼儿的心理发展来说，对主要抚养者（一般是妈妈）的依恋和信任，让他体会到他能够相信他人，他身边有值得信任的他人，这是他社会化的第一大步。有了妈妈这个安全岛，孩子将敢于迈入陌生的社交环境。

所以，3岁前的每一天其实都在为宝宝入园做准备。让孩子充分感受来自抚养者（他人）的爱，以此为支点，对这个社会产生好感和信任。

> 安全的依恋关系最重要的两点，一是父母能敏感地观察到宝宝的需要并及时反馈满足，二是乐于主动地和宝宝做游戏。

除了亲子间的安全依恋关系，为了帮助他对幼儿园也建立安全感，父母要尽量树立老师和同伴的正面形象，让他对这个世界有信心。如果你不知道怎么正面说，至少不要有反面暗示，比如，不在孩子面前说老师不好（如果真遇到不称职者，应该带孩子离开那个环境而不是教孩子防备老师，宝宝还不具备这种能力），不拿老师来吓唬孩子（你不××我就告诉老师，类似这种），不说“老师喜欢女生不喜欢男生”这种自带暗示的话。

这里想多说几句，现在有各种媒体助力，往往好事不出门坏事传万里。我们见多了某某幼儿园某某老师如何虐待儿童的案例，就担心自己孩子的老师也是这样，但现实中这样的老师毕竟是少数。设身处地地站在老师这个位置换位思考一下，按每个班30人配置，2名带班老师，加1名生活老师，每天从早上七点多忙碌到下午三四点，每个老师至少要面对10个孩子。我们带1个娃都觉得累，何况是10个甚至20个，所以老师无论身体还是心理都需要相当大的能量。我们家长给老师多一些支持和理解，也就是给孩子支持。

与此同时，如果发现的确存在虐童现象的老师和幼儿园，也决不姑息。我们是孩子信任的安全港湾，保护他们，帮他们抵御侵害，我们义不容辞。

在上幼儿园之前，父母给孩子增加一些社交活动也很有必要。例如，让他能经常和同龄的小伙伴玩耍，带他参加一些集体活动（例如各种亲子活动，图书馆的讲故事活动等），让他做一些类似在超市购物这类能直接与陌生人对话的活动，让他直接感受这个世界上不同的人与事，这也是孩子社会化发展过程中的重要认知。

还可以短暂地把孩子“寄存”在好朋友家，让孩子体会和妈妈短暂分离的感觉，并体验如何与其他成人、同龄人相处。

上幼儿园是“熟悉的”

女儿上幼儿园之前，我和她一起用硬卡纸和纸盒造了一间“幼儿园”，有午休床、桌子、椅子，用假装游戏预演这里的生活：游戏、吃饭、睡觉。让她提前了解在幼儿园的生活，减少陌生感。

我还和她一起准备入园的物品，让她全程参与其中，例如，买床单、枕头，办银行卡，做成长手册的封面等。这样让她亲身参与，不仅让她把陌生的事情一点点变得熟悉，也让她特别有成就感。

在家里，在一些生活细节中很自然地插入幼儿园与家里的异同点，做好心理预演。例如，当她喊我带她去卫生间小便时，我问她：

“妈妈会在幼儿园吗？”

“不在。”

“那你在幼儿园想尿尿了，找谁呢？”

“找老师。”

借助这些场景搭建，玩一玩假装游戏，她扮演老师我扮演宝宝，或者交换角色，把幼儿园一些典型过程进行演练，比如吃饭、睡觉、上厕所等。

上幼儿园是“有趣的”

每天早一点到园，晚一点离开，让孩子有机会在幼儿园里多点儿时间玩耍，更加熟悉幼儿园，也更加喜欢幼儿园。当然，为了早一点儿到园，早睡早起是必需的，也有益于身体健康。

上幼儿园是“自豪的”

女儿观察到哥哥会去上学，所以对背着书包上学这事儿很向往。独生子女或是家里的老大，可以借邻居家哥哥姐姐来参照一下。

在女儿正式入园前的三四个月，我们给她赋予了一个新称号：幼儿园小姐姐。当她自己节奏紧凑地舀饭吃时，我就马上夸她：“哎呀，你现在吃饭很专心，真的是幼儿园小姐姐咯！”

当她想大便提前跟我说时，我也马上夸她：“你真是幼儿园小姐姐啦，想拉大便都知道提前告诉妈妈了，拉在马桶里而不是拉在裤子里！”当她剪纸剪得很耐心、很细致时，我也夸她：“幼儿园小姐姐剪的龙猫真漂亮！”

将所有好的行为贴上“幼儿园小姐姐”的标签，让幼儿园与自豪感联系起来。

大家经常说不要随便给孩子贴标签，往往是指对个性的评价标签，这里“幼儿园小姐姐”是一个角色标签，和个性标签不一样哦。

上幼儿园是“平常的”

在家里，成人与小孩是一对一的关系，甚至是四对一的关系，比如两个祖父母和爸爸妈妈，四个大人面对一个宝宝。被高度关注的宝宝可能因此丧失一些自理的机会，比如吃饭有人喂，洗手有人帮，尿尿有人提醒，等等。

在幼儿园这个比例关系是颠倒过来的，成人少小孩多，这个配比关系以及幼儿自身的发展需求，都决定了宝宝在幼儿园需要自己吃饭、自己上厕所等。

所以，在入园之前培养宝宝独立吃饭、上厕所这些自理能力很重要，能最大幅度地减小在家里和在幼儿园生活上的差异感，让宝宝觉得幼儿园的生活是“平常的”，没有断崖式的切换过程。

另外要注意的是，宝宝喜欢的日常活动不要因为上幼儿园而有很大的改动，如傍晚的户外游玩，晚上的亲子游戏时间，睡前的故事时间都应照常进行，避免宝宝对幼儿园产生不好的印象。

父母都急切想了解孩子在幼儿园的表现，但是切忌对孩子刨根问底，这样只能给他过大的压力。对话点到为止即可。那如何和宝宝对话呢？

我的经验是问开放式问题，或是选择题，而不宜问是非题。多问孩子能感知到的客观属性，而不是开心或不开心，因为宝宝是不是开心可以从他说话时的细微处感觉出来。让他直接描述情绪及情绪背后的原因，一方面能力不够，另一方面也不准确。比如，放学后可以这样和宝宝对话。

“中午吃了什么？”

“粥。”

“是什么粥？”

“……”（说不出）

“粥是什么颜色的？”（问颜色）

“红色的。”（后来查幼儿园的食谱，是胡萝卜粥）

“今天午饭里是肉还是鱼呀？”（选择题）

“肉。”

“像排骨一样大还是小小的肉末？”（问大小）

“大块的。”（后来查幼儿园的食谱，是狮子头）

“小便的时候找的是L老师还是Z老师？”（选择题）

“Z老师。”

幼儿园一般都有网站，孩子们的活动可以通过班级论坛了解，还可以直接向老师了解，所以和孩子的对话尽量避免明知故问，而应用心去和他交流，倾听他的回答，体会他的感受。孩子愿意说的时候，他自然会说出来。例如，我女儿在上幼儿园的第二天我问她玩了什么游戏，她回答没有，但从第四天开始她就唱出了幼儿园学的两首儿歌。

关于“上幼儿园是平常的”，还有一点特别补充。

女儿入园头两周特别开心，天天笑着说拜拜，正当我以为万事大吉的时候，反弹期来了！

第三周她开始哭，我当时有这样一条记录：

“周四醒来说不要去幼儿园，然后各种假装游戏后顺利出门，但是入园后不玩、不洗手、不进教室，大哭。我坚持把她交给老师，然后我微笑着跟她说完拜拜后果断离开。今天起床只说了一次不上幼儿园，入园后愿意玩了，进教室后抱了会儿我的腿，然后自己走向老师，最后含着泪花跟我说拜拜，没有跑过来。”

所谓平常的事情，就是天天都需要做的，不是偶尔为之，也不是大哭一下就能停下来的，让孩子早一些认清这一点，会减少很多反复的过程。如果孩子天天哭、月月哭就是另外一回事，要深挖其中原因，生理的还是心理的，要排查清楚，然后有针对性地去解决。

关于分离焦虑，很多时候是妈妈先顶不住了，看着孩子小小的背影自己就哭了起来，如果孩子再一哭，迅速演变成抱头痛哭。真的没必要这样，你若想哭，就找一个孩子看不到、听不到的地方哭。

我们有时候反而是孩子成长路上的绊脚石，就像后来，女儿明确要求我不要送她到教室门口，虽然内心不舍，我还是很坚定地向她挥手说再见。其实孩子有很大的潜能，放宽心让他自己去成长吧。

孩子终有一天会长大，会离开我们去开创自己的世界。

拥抱他们。

相信他们。

06

幼升小如何平稳过渡

对家长而言，小学与幼儿园的最大差别恐怕就是作业了，如何培养孩子良好的学习习惯？要不要陪孩子写作业？都是家长们亟待解决的问题。

女儿上小学后，作业基本都是她自己完成的。抛去孩子之间的个体差异、性别差异，在要不要陪孩子写作业这件事上，其实反映出的不仅是如何对待作业这件事，而是人与人之间的界限感。

我希望所有父母都认真思考以下几个问题。

你写作业为什么我要陪——论划清界限

请仔细看我写的是“为什么我要陪”，不是“为什么要我陪”。有差别吗？有。“为什么我要陪”主语是我，发起人是我。“为什么要我陪”主语是孩子，发起人是孩子。但仔细回想一下，孩子最开始写作业的时候，孩子要求你陪了吗？经常都是我们大人不放心，主动凑过去看。这一看吧，就把陪写作业变成了默认配置！这一看吧，还上火！

你！怎！么！这！都！不！会！

你！怎！么！写！这！么！慢！

你！这！笔！顺！都！不！对！

你！写！得！太！潦！草！啦！

我这么说是有原因的。

女儿小学一年级第一个学期的第一周，一贯好奇的我，好期待看到她怎么写作业，结果第一周一点儿作业都没有！第二周，终于来作业了，尽管她写作业的时间我本该是去厨房做晚饭的，但是好奇呀，我就站在她背后看着她写……

她转过身跟我说："妈妈，你走吧，我写好了再给你看。"

人家把话都说这份儿上了，还不止讲了一次，我还有脸硬凑上去美其名曰"陪你写作业"吗？根本就是"我要陪"，不是她"要我陪"！

写作业本是她的事，为什么要把它变成我的事？克制！克制！不要越界！不要越界！理智提醒我，及时收手，别自跳火坑。

自打克服了"表面不放心其实是想插手"的行为，我看作业就变成了阅奏章：闺女写完后会主动拿给我，检查没有漏写的就签字。省心啊！

后来有次考试她漏写了一道大题，于是我把我的工作又减少了一些：让她自己先检查，排除漏写这种低级错误；写的句子自己先大声朗读一遍，读顺了，标点都齐了，再给我检查。

很多家长和我当初一样，担心孩子刚开始写不好。不要紧，写多了不就越来越好吗？何况有老师批改作业，如果我都帮她指正了，老师不就没办法知道学生哪里没掌握好吗？

学习的路还很长，谁能保证一直不出错？在错误中总结经验改进提升，才是成长路上的常态。

有人说，如果作业写得太差老师来找家长谈话咋办？请跳到第三个小标题。在没人找你之前，先别自己揽活儿。

你的事，我的事，从小就要培养边界感——再论划清界限

其实在写作业这件事上是否能划清界限，不是一朝一夕的功力，而是小学之前0～6岁这六年里亲子之间界限感的延伸体现。

孩子不吃饭，大人急，喂吧！本是孩子的事，变成了大人的事；

“你不买玩具我就不吃饭！”后来孩子发现，这是个可以控制大人的“秘密武器”；

孩子自己吃饭弄得一团糟，大人嫌乱，拿走孩子手里的勺子，主动去喂孩子。本是孩子练习自理能力的机会，就这样被剥夺了。过几年又抱怨孩子上小学了还要喂。

孩子想在运动裤上套条裙子，你说这超级难看，不给穿。本是孩子可以自己做选择的事，没有机会了，变成了你大权在握。

你很累很累了，想躺沙发上歇会儿，孩子不知道，跑过来要你讲故事。你本可以告诉他：“妈妈很累了，你自己看会儿。”让孩子知道妈妈也会累，也需要休息。但是你觉得讲故事对孩子好呀，讲完一本孩子没听够，又拿来三本、五本……最后你崩溃了，冲孩子吼道：“你怎么一点儿都不懂体谅别人！”

你担心孩子时间不够，帮他整理书包，结果漏了一本作业没带。“妈妈，你怎么搞的，怎么没把英语作业放进书包？”孩子回来责问你。“就是啊，我怎么忘了呢？”你说。忘带作业是孩子的问题，你不该为这件事负责。

养第一个孩子时，我恨不得把心掏出来，再加上有老人帮带，会忽视很多的界限，常常越界。养第二个孩子时，渐渐把自己剥离出来，看到自己的需求，将孩子与自己都视为一个独立的个体。**他们只是借由我来到这个世界，我只是他们生命中的一段旅程。我能给他们最好的爱，是帮助他们更舒适地和这个世界相处，而不只是与作为父母的我们相处。**

> 人与人之间需要界限感，不被外界胁迫，也懂得尊重他人，做一个独立的个体。孩子需要界限感，我们大人也应该如此。既要尊重孩子的自主权，也要看到自己的需求，不过度付出，只有彼此平衡的亲子关系才能长久。

写作业并不只是“写”作业——论游戏的力量

6岁了，上学了，开始写作业了。但是，“写”作业的能力能一夜之间从石头缝里蹦出来吗？显然不能。我观察我家小朋友和别人家孩子，有这么三个方面可以循序渐进地积累。攒够能力了，上小学后写作业的难度就会降低很多。

手指精细动作发展

写作业要握笔运笔，这都是靠手上小肌肉的精细动作。6岁以前没作业可写，那如何锻炼这些小肌肉呢？办法有很多，只要你愿意放手让孩子去探索。

最直接的，涂鸦画画。《伯克毕生发展心理学》这本书里将0～6岁的绘画归入身体运动发展，由此你更能理解为什么幼儿的涂鸦更倾向于一种运动，而非艺术。

其次，玩积木、乐高这些建构类玩具。积木放歪了会倒，重心不稳也会倒，需要宝宝较为精细的手部动作，是很好的锻炼方式。玩乐高、磁力片、弯弯乐这些也能起到类似作用。另外，用各种生活材料做手工，也都可以锻炼孩子的手部精细动作。

最简单的，吃饭！用勺拿筷，一日三餐，都是锻炼机会！你若是不让孩子自己吃，损失的不仅是他的自理能力，还是以后写作业的能力！小时候追着喂饭的妈妈，和长大了催着写作业的妈妈，往往是同一个人。

识字量

如果孩子能自己读懂题目，那么独立完成作业不是梦。若很多字都不认识，你不想帮忙也不行啊。这一帮忙一介入，彼此的烦恼就来了。

那么，多少识字量够呢?

先说汉字。语文题目一般会自带拼音，就算识字量少也能理解个大概。数学，把小学一年级上下学期的数学课本和练习册拿来看一下，整理一个字库，先重点攻克一下。而且，大部分数学题都是一些常见题型，所以不必为读题而过于忧虑。

再说英文。26个字母建议在学前先掌握了，对学拼音也有帮助，一箭双雕。主要是，这在五六岁孩子的兴趣范围和能力范围之内，不算揠苗助长。然后是一些常见词的积累。由于英文学习的进度全国各地略有差异，根据当地实际情况进行即可。

不必追求短期内学得越多越好，除非孩子自愿。当然，如果要考某些名校，那是另外一回事，这里不做讨论。

那怎么去积累这些字词呢？亲子阅读!

孩子坐在爸爸妈妈身边听绘本的时候，会渐渐对文字形成初步的意识：哦，妈妈眼睛在看这里；妈妈翻页了，她的眼睛在看那里；妈妈说话的时候眼珠一直在动，从左挪到右，从上挪到下。孩子跟随着大人的一言一行、一举一动。

孩子发现了文字的奥秘，区分了图画和文字，了解了文字常有的样子。某天，你的孩子可能会突然问：“妈妈，这是什么字？这是什么意思？”

嗯，他开始想识字了。此时你可以开始时不时地指读，如果他不反对的话，还可以和他玩一些识字游戏。识字可以就这么自然地发生于阅读当中，不仅让我们收获了亲密的亲子关系，还提高了孩子的文学艺术素养，何乐而不为呢?

游戏助力

关于数学和英文，针对幼儿园阶段的启蒙，在第四章中有详细讨论。

对于刚刚上小学的女儿来说，如果有些地方需要提高，我采取的办法是想些游戏和她玩。比如，数学里的心算速度。她数学作业里有计算、几何、测量、序列等，基本都能跟上。几何比我想象中掌握得要好，不过老师跟我说她的计算速度还不够快，可以加强一下。那就在家增加一点儿练习吧！

我们一起做了一套数字卡，两种颜色，每种颜色都是从1～16一共16张。玩法很简单：

每人手持一种颜色的卡片，玩之前先洗牌将数字顺序打乱。

每人出一张数字牌，请小朋友做加法（或减法，每轮保持不变）。

最简单的是只放1～5共5个数字，其次1～10共10个数字，最后是1～16共16个数字，当然如果卡片够多，1～100也没问题。难度依次递进，1～10以内大班孩子都可以玩了。

等小朋友对玩法熟练后，增加计时，看看一组数字玩下来需要多少时间，逐步提高速度。这个办法比纸上出题来得方便环保，比App快捷，最重要的是有互动，趣味性高。

再比如中文识字游戏，可以玩手心猜字游戏。她写我猜，或者我写她猜，有亲子联结在其中，孩子很喜欢。还有拼接句子游戏，也是识字好帮手。操作方法如下：

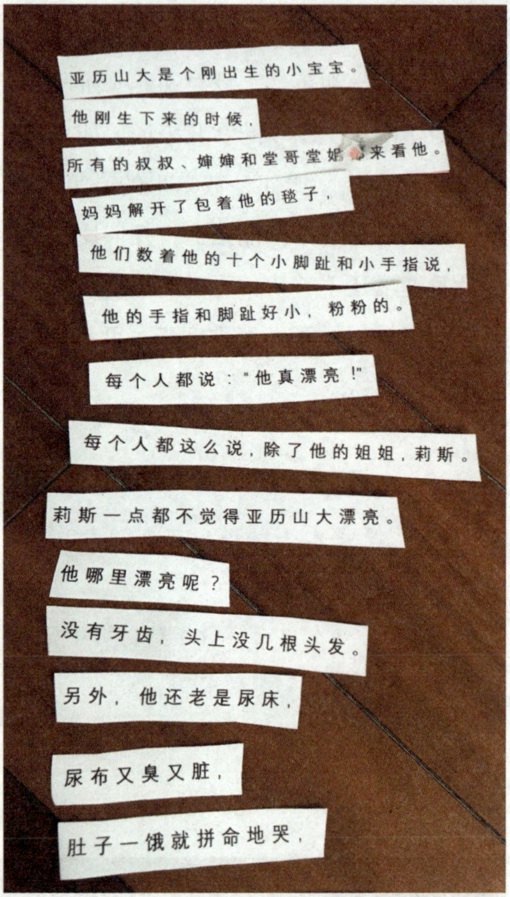

- 让孩子选一本他喜欢的绘本或者是故事书，从中摘取一段。
- 打印→贴厚卡纸→一句一句剪开.
- 随机抽取，一条一条地读出来。
- 按照原文拼出来。

拼音，也可以边玩边学。

女儿学拼音的时候，老师说班级里小朋友普遍对声调反应慢，于是又做了一套小卡片和女儿一起玩儿：

- 她拿声调卡，我拿韵母卡。
- 每个人随机抽出一张拼在一起。
- 拿声调卡的人拼读。
- 过段时间后互换角色。

熟练之后，增加游戏难度：把声母也加上，拼读。

游戏要点：不能只让孩子拼读，轮换到父母拼读的时候要投入地读，过程中尽量不要教，按你的方法读就好，小朋友的学习能力会超乎你的想象。

当孩子把写作业当作自己的事，有了基本的学习能力，有困难的时候也能在爸爸妈妈的帮助下积极学习，剩下的事情就是交给时间了。

第四章

游戏如何支持儿童的学科学习

01

如何在游戏中
实现数学启蒙

即使在学龄前，数学也不只是1、2、3、4、5、6、7、8、9、10这点事儿，那么幼儿园范围内的数学内容及大致水平是怎么样的呢?

《3～6岁儿童学习与发展指南》（以下简称指南）是我国教育部2012年发布的针对学前教育的工作指南，里面分健康、语言、社会、科学和艺术五大领域来描述幼儿的学习与发展。数学属于科学领域，又细分为三条。

目标1　初步感知生活中数学的有用和有趣

3～4岁	4～5岁	5～6岁
1.感知和发现周围物体的形状是多种多样的，对不同的形状感兴趣。 2.体验和发现生活中很多地方都用到数。	1.在指导下感知和体会有些事物可以用形状来描述。 2.在指导下，感知和体会有些事物可以用数来描述，对环境中各种数字的含义有进一步探究的兴趣。	1.能发现事物简单的排列规律，并尝试创造新的排列规律。 2.能发现生活中许多问题都可以用数学的方法来解决，体验解决问题的乐趣。

目标2　感知和理解数、量及数量关系

3~4岁	4~5岁	5~6岁
1.能感知和区分物体的大小、多少、高矮、长短等量方面的特点，并能用相应的词表示。 2.能通过一一对应的方法比较两组物体的多少。 3.能手口一致地点数5个以内的物体，并能说出总数；能按数取物。 4.能用数词描述事物或动作，如我有4本书。	1.能感知和区分物体的粗细、厚薄、轻重等量方面的特点，并能用相应的词表示。 2.能通过数数比较两组物体的多少。 3.能通过实际操作理解数与数之间的关系，如5比4多1，2和3加在一起是5。 4.会用数词描述事物的排列顺序和位置。	1.初步理解量的相对性。 2.借助实际情境和操作（如合并或拿取）理解“加”和“减”的实际意义。 3.能通过实物操作或其他方法进行10以内的加减运算。 4.能用简单的记录表、统计图等表示简单的数量关系。

目标3　感知形状与空间关系

3～4岁	4～5岁	5～6岁
1.能注意物体较明显的形状特征，并能用自己的语言描述。 2.能感知物体基本的空间位置与方位，理解上下、前后、里外等方位词。	1.能感知物体的形体结构特征，画出或拼搭出该物体的造型。 2.能感知和发现常见几何图形的基本特征，并能进行分类。 3.能使用上下、前后、里外、中间、旁边等方位词描述物体的位置和运动方向。	1.能用常见的几何形体有创意地拼搭和画出物体的造型。 2.能按语言指示或根据简单示意图正确取放物品。 3.能辨别自己的左右。

从上面这三张表格不难看出，数学认知不仅仅是数概念，还有形状、空间、排列、高矮、长短、大小、多少、粗细、厚薄等关于“量”方面的概念。

原来幼儿园的数学范畴也这么宽泛呢！接下来先讲我们最关心也是最核心的数概念的发展。

2～6岁小朋友的数概念发展大致会经历四个阶段：唱数、数数、数量比较、数的应用。下文会摘取一些女儿的成长记录，来说明在孩子的成长过程中我观察到了什么，我可以为孩子做些什么。要特别注意的是，每个孩子各有不同，大的发展阶段走向虽会一致，但时间点上可能会有所不同。

阶段1：唱数（1～3岁）

在会数数之前，孩子首先要熟悉数字，就像熟悉一首儿歌一样，知道1后面是2，2后面是3……9后面是10，10后面是11，等等。这不难，完全可以融合在生活当中。

女儿3岁之前（还有分离焦虑），我单独出门前经常要先和她玩一下“充电电”游戏。我抱着她，一边左右摇晃，一边用夸张开心的语调和她唱：“充电电，充电电，1、2、3、4、5……”一般唱到20，或是唱一首歌，她就会主动说：“好了，拜拜！”玩得多了，会让她先确定数字：是唱到10呢还是20？久而久之，她渐渐知道了20的时间比10要长，所以想要妈妈多抱一会儿的时候就说20，不需要那么长时间的时候就说10。

还有，女儿洗澡的时候总不肯出来，穿衣服的速度又太慢，这些都是唱数的好时机。“你需要数到几就出来呢？”“10！”“我们来挑战一下看看数到20能不能穿完？”“好的！”穿衣服的游戏到快5岁了还在玩呢！

有一次，幼儿园放学后几个小朋友玩得不愿回家，三番五次催不动，我心生一计，问他们：“你们要不要来挑战一下数到10能不能把玩具全部送回去？”有个小男孩说：“不要10，我们要数到5！”原来孩子们不仅要挑战，还想要挑战更高难度的。

小妞唱数

2岁7个月：洗头时她喜欢我把她沾满泡沫的头发做成小白兔耳朵，可是泡泡还没揉搓起来呢，我让她先等一等，数到20就可以啦！她数：1、2、3、4、5、6、7、8、9、10、11、12、18，我说13，她接13、19，我说14，她接14，我说15，她接15、16、17、18、19、12……

阶段2：数数（2～4岁）

小妞数数（目测）

2岁4个月：小妞抱来三包餐巾纸玩，我借机问她："数数有几包？"她拿小手指有模有样地瞎点：1个、2个、1个、2个……我示范她从左到右一个接一个地数到3，但人家不予理睬，继续一二一。黄昏时在楼下散步，从我们身边连续开过三辆车，小妞脱口而出："3个车！"

上面案例中出现了小宝宝数数的两大类型：目测和点数。

小朋友们首先获得的是目测能力，即经过几百次的1个摇铃、1个餐椅、2个猕猴桃、2块饼干、3个人、3个碗等生活实例的观察之后，他们能一眼看出有几个。比如，3岁小朋友一般能目测到2个或是3个，4岁小朋友一般能目测到4个或是5个。由此可见，在宝宝很小的时候妈妈一边做事一边唠叨"是什么、有多少"是多么必要。"妈妈的唠叨"不仅提高了宝宝的语言输入量，还给予了数概念的形成机会。

点数就比较高阶了。当小朋友能对着5个苹果手口一致、一一对应数到5，然后报出"有5个苹果"时，这标志着他们理解了数的真正意义，也就是达到了所谓的基数原则水平。在下面数蝌蚪的案例中，2岁9个月的女儿还没有达到这个水平，但是在数鸡蛋的案例中，满3周岁的女儿就已经达到这个水平了（对照指南，这是3～4岁年龄段的目标之一）。

小妞的数数（点数）1

2岁9个月：去年捞蝌蚪还仅仅是动作探索，今年就已经能看准目标捞啦！有一次捞了4只，问她有几只？她数：“1、2、3、4。”“那是几只？”“3只！”“那我们再数数吧！”她又数：“1、2、3、4。”“那是几只？”“3只！”“你数到了几？”“4！”“那就是4只。”“4只。”如此重复了几次之后，妞好像终于明白一点儿了。

小妞的数数（点数）2

3岁1个月：上午我做蛋糕，妞一旁观摩。我把一个个鸡蛋打入搅拌盆里，她自言自语：“这是几个呀？1个！”“这是几个呀？2个！”“这是几个呀？3个！”到4个时凭目测判断不出了，我让她数数看。她说：“1、2、3、4，4个！”5个时也数出了，6个开始糊涂了，又回到3。

生活中数数的机会无处不在，爬楼梯、坐电梯、逛超市（买几样物品）、坐摇摇车（数硬币）、收积木、看绘本（今天看几本）、吃饭数人数等，哪里都是数数的机会。排成一行数数最简易，围圈数数的难度是其次，最难的是杂

乱中数。

小妞的数数（点数）3

3岁10个月：收玩具时一定要数数，还得一个一个拆开摆好了数，1～99基本能顺下来了。

除了前面特定生活场景中触发的即兴数数，爸爸妈妈还可以来点儿小“心机”，让孩子接触到数。比如，“按数取物”的游戏在哪里都可以展开。在户外，妈妈可以对宝宝说：“宝贝帮我捡3片红色的叶子吧！”“帮我捡5片紫色的花瓣吧！”“帮我找5根小树枝吧！”在家里，妈妈可以对宝宝说：“宝贝，帮我拿5瓣大蒜吧！”“帮我拿4个小正方形积木吧！”“帮我拿3个盒子来吧！”

还可以玩“猜猜有多少”的游戏，家长在手里放几样小东西，让孩子看三五秒，然后把东西藏起来让他猜猜有多少个。这种游戏既锻炼专注力又能玩数的游戏。

阶段3：数量多少和加减（4～6岁）

这里说的数量比较是指多和少，计算就是10以内的加和减，下面通过我和女儿经常玩的两个游戏来呈现给大家。

第一个是扑克牌比大小游戏。通过这个游戏，孩子能熟练掌握1～10任意两个数之间谁大谁小。游戏规则：一人出一张牌，

谁大谁拿走（事先把花牌拿掉），直到有一方的牌出完了，牌多的就是赢家。这个游戏从女儿4岁开始玩，很受欢迎，也很方便，家居旅行都能玩。

游戏结果当然经常是她赢我，一来小孩子运气总是比大人好一些（不知道为啥），二来我会偶尔“作弊”，改变胜负走向，让她赢。多次观察下来，发现她输了会有点儿小低落，不过哼哼几声就过去了。

第二个就是商店游戏。这个游戏不仅会有数量大小的比较，更多的是会有加和减的应用。游戏规则很简单：顾客选购商品、询价、付款、结束。这个游戏中货币的使用是最核心的部分，根据年龄由浅入深。

2～4岁：用实物，比如乐高、硬币、扑克牌等方便点数的材料做货币。

4岁以后：可以开始尝试“手币”（手心里摸一下代表1块），或是真实人民币（20元以内）。

为什么要这样？因为游戏中经常不止买一样东西，比如买 2 个苹果、 3 个洋葱，一共要付几块钱呢？对于这样的问题，“小老板”的内心是崩溃的，因此必须用合适的货币来匹配他们的能力。千万不可操之过急送上“1+2=？”这样的练习册给他们做。

为了更清楚地认识这一点，让我们来重温一下皮亚杰先生提出的思维发展四阶段，重点看发展路径和各阶段特点，年龄范围不作严格代入。同时要特别提一下，这里的“运算”不是“计算”，不是数学这么小的范畴，而是思维的范畴。“运算”的含义是：一种通过思维而不是实际行动来实现的转换。例如，一个还在学步期的儿童能够按照大小顺序把一组圆环套在一根木棍上，使最大的圆环处在棍子的底端，而最小的圆环处在棍子的顶端。虽然儿童头脑中并没有表示这种排序操作的具体词汇，他们此时还处于感知运动阶段，但他们仍能够完成它。随着具体运算的出现，儿童开始思考多种动作，这些动作可以在没有实际操作的情况下通过心理运算完成，这就是具体运算。因此，心理运算是客体间关系转换的一种内部表征。

皮亚杰提出的思维发展四阶段

0~2岁，感觉运动阶段：儿童的智力只限于感知运动，儿童主要通过感知运动图式和外界发生相互作用，智力的进步体现在从反射行为向信号功能过渡。（云妈大白话：小朋友这会儿只能靠感觉和运动来认识周围世界，没见过没摸过的东西你别跟我讲，俺不懂！）

2~7岁，前运算阶段：儿童的思维已表现出了符号性的特点，他们能够通过表象和言语来表征内心世界和外部世界，但其思维仍是直觉性的、非逻辑性的，而且具有明显的自我中心特征。（云妈大白话：小朋友不再完全依赖物理环境，而是能借助符号比如语言来表达或是理解事物了，这让表象和思维的出现成为可能。）

7~11岁，具体运算阶段：儿童已经具有了明显的符号性和逻辑性，能进行简单的逻辑推演，克服了思维的自我中心性，但这一阶段儿童的思维活动仍局限于具体的事物及日常经验，缺乏抽象性。（云妈大白话：小朋友能够不实际动手而是通过在头脑中对具体事物和符号进行操作来解决一些问题。）

11岁开始一直发展，形式运算阶段：能够提出假设和检验假设，能监控和内省自己的思维活动，思维具有抽象性，能在头脑中设想出许多内容，这些内容可以与他们自身的经验无关。（云妈大白话："假设"二字，是具体运算与形式运算的关键差异，前者具体，后者抽象。）

回到正题，小朋友的数概念发展过程又和皮亚杰先生的思维发展阶段有什么关系呢？我们来看看不同年龄的小朋友怎么来解决下面这个问题。

妈妈问："2+3等于多少？"

3~4岁的宝宝说："妈妈，你说的是什么，我听不懂。"妈妈解释："你手里有2颗糖，我又给你3颗，现在你一共有几颗糖了？"宝宝说："妈妈，我还是不知道。"妈妈从柜子拿出5颗糖，先拿出2颗给孩子，然后再拿出3颗，请孩子数一数，看现在一共有几颗糖。"1、2、3、4、5，5颗。"宝宝回答道。“那2+3等于多少？”妈妈问。“不知道。”宝宝依然不会回答。

4～6岁的宝宝说：“是4吗？”妈妈解释：“如果你手里有2颗糖，我又给你3颗，现在你一共有几颗糖了？”“2、3、4、5，是5颗。”宝宝回答道。“2+3等于多少？”妈妈继续问。“等于5。”宝宝回答道。

6岁以上的宝宝直接回答：“等于5。”

结合皮亚杰先生的思维发展四阶段就更容易理解儿童学习加减的过程有以下三个阶段：

- 用手来操作实物（比如上述举例中的3～4岁）。
- 在头脑中操作物体（实物的表象记忆，比如上述举例中的4～6岁）。
- 在头脑中直接操作符号（比如上述举例中的6岁以上）。

商店游戏可以从2岁就开始玩，那为什么上面没有提到2～3岁这个年龄段？因为2～3岁买一样东西就可以了，别用加法来难为孩子。

小妞玩商店游戏中的加减发展

3岁10个月：用扑克牌做货币，一个苹果3块钱，另一个苹果2块钱，问一共多少？马上去数：5块钱！一个汤圆1块钱，2个汤圆多少钱？2块钱。现在一共多少了？6、7，7块钱！

4岁4个月：锅铲2块钱，黏土1块钱，一共几块钱了？她没看钱袋，说3块钱。又买了弹弓1块钱，问一共几块钱？还是没看钱袋，4块钱吧！再来一套餐具6块钱，总共多少了呢？不知道，开始

数，10块钱！然后又来一个叉子2块钱，总共多少呢？开数，12！再来三个锅垫3块钱，从头开数，15！

4岁6个月：这艘船她开价6块钱，我故意先给了4块钱，她直接就收了。我说你不看看对不对吗？她这才数了下，4，少了。我问少了多少？2！反应挺快。又问4多还是6多？6多。多多少？多2！后来又来个8块钱，无奈我只剩下4块钱了，先付了4块钱，她说不够。我问差多少呢？不知道。我掰手指5、6、7、8，有几个？不知道。再掰一遍，这回想明白了，4！8比4多多少？又想了半天，4！

4个7个月：开始进阶到不需要实物货币，还可以做简单的心算加法了。

看到这里大家应该明白了为什么2～4岁要用适合于点数的货币，比如乐高、扑克牌、硬币等，因为他们需要用手来操作实物。而4岁以上可以开始尝试用真实货币，或者只是“手币”就可以了，因为此时他们已进阶到可以在头脑中操作物体的水平。

阶段4：数的应用（3～6岁）

对女儿来说，数学或者说数字，能让她做这几件事。

第一件事：买东西。虽然只分得清钱够还是不够，具体花多少钱还算不清，可是这活儿太吸引她了，从3岁开始就一直喜欢，借此机会认识了1、5、10、20、50、100面值的人民币。

小妞买东西

2岁12个月（将满3周岁）：玩了那么多次商店游戏，今儿来个真的！刚开始我送到门口，后来要我陪着拿酸奶，再后来要我陪着到收银台，最终酸奶和钱是她自己给出去的。

2岁12个月（将满3周岁）："我付钱啦！"妞很自豪地说。这是小妞第二次买东西，不再需要妈妈陪着到收银台，妈咪在门口等她就行啦！

3岁2个月：现在进超市、菜市场，付钱的都得是她，动作娴熟得很！今天菜市场我手快先递出去了，后来又生生把9枚硬币拿回来重新付。

4岁10个月：进公园之前早早就提醒我："等下我帮你买门票。"我给她20元钱或是50元钱，她自信满满地走到窗口跟工作人员说："阿姨，我要一张票。"然后拿着找的零钱和门票走回来交给我。

第二件事：看时钟。女儿和她哥哥一样，都是心里能装事情的，比如老师说明天要早到，她真的会比平时早醒，睁开眼就问我：“时钟现在到几了？”我们通常利用分针认时间，我说：“才到4（7：20），现在马上起来还来得及。”然后她洗漱完毕，边吃早点还看着钟表提醒我：“妈妈，快到9了，要走了！”

第三件事：打电话。女儿3岁半的时候学会了打电话（用座机拨），也由此认识了数字。当然，生活中有很多机会去发现数字，这里只贴几张关键图来感受一下玩法。

数字找相同游戏：认识数字。

号码小火车：认识电话号码，并且需要按照给出的数字顺序按键。

第四件事：玩假装游戏。借打电话认识数字之后，女儿对数字的书写产生了兴趣，时不时拿起笔写，还要我写给她看。会写数字之后，各种假装游戏的复杂度立刻就高了很多。

小妞玩假装游戏（开餐馆）

4岁10个月：天天喊我吃她炒的“菜”，我说你餐馆怎么也得有个菜谱吧？于是就有了这个。结账时总额30多元的“巨款”着实把小老板难住了。

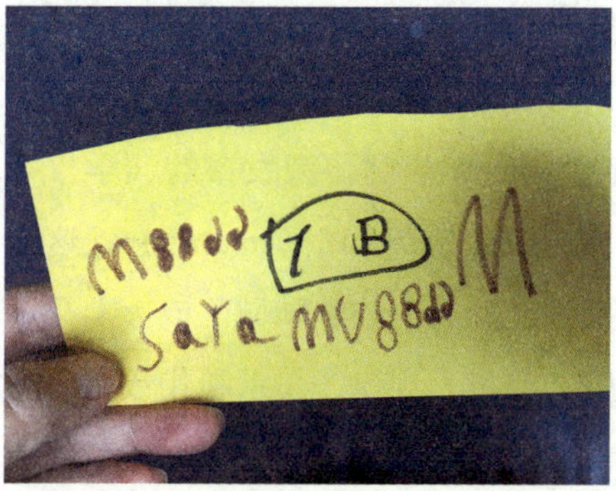

小妞玩假装游戏（机场检票登机）

4岁10个月：有模有样地拿着根棍子当安检工具给我检查，还给我一张机票。我说你的机票上没有名字和航班号哦。又上网搜了真机票给她看，人家马上就改进了一版。

小妞玩假装游戏（生产电脑）

4岁10个月：会写字也有烦恼，看看下图我这心爱的货架搁板你就知道了（仔细瞄一眼，人家的数字排列还是有规律的呢）。

商店游戏真的特别适合孩子玩，强烈推荐。木质货架真实感强但价格高，可以用1个大纸箱+4个翻盖式鞋盒来替代，物美价廉。

其他国家也有类似我国五大领域这样的分类，比如美国“高瞻课程”，“高瞻课程”的理论与实践丛书中《有准备的教师——为幼儿学习选择最佳策略》中提到，其中数学领域采用2000年美国数学教师协会发布的《学校数学中的原则与标准》（*Principles and Standards in School Mathematics*），这份标准包括了从幼儿园至中学毕业的数学教育标准。关于数学领域，该标准又定义了五大内容：数字和运算，几何和空间感，测量，规律、关系和代数，数据分析。

美国“高瞻课程”High/Scope 中的数学认知领域

数字和运算	几何和空间感
1.知道数字 2.知道数字的固定顺序 3.能目测数量 4.能通过一一对应来比较多少 5.能一一点数并掌握基数原则 6.认识数字符号 7.会书写数字 8.能做简单的加减计算	1.对外形轮廓的认知（平面&立体） 2.对空间方位的认知 3.了解形状的转换和对称关系（通过滑动、旋转、弹等动作变换形状来确定它们是否相同的过程，也包括用小的形状建构大的形状） 4.想象和空间推理（不直接操作物体而是通过头脑中操作物体的心理表象来作出判断，例如某个空间里是否能放入一组玩具轨道列车）
测量	**规律、关系和代数**
1.属性、单位、过程，涉及有关大小和数量的概念，如比较物体，评价不同之处，使用标准工具和非标准工具来量化不同 2.技术和工具，包括学习测量规则，如从零开始对准起点或和起点对齐，不能有间隙，还包括熟悉标准的测量工具，如尺子、体温计等	1.发现规律，包括识别判断出规律的核心单元，并重复规律。规律有视觉的、听觉的和运动的 2.描述变化，用语言来描述事物变化前和变化后的状态
数据分析	
1.分类或组织，包括资料的收集和分类，例如调查收集班上每个小朋友最喜欢吃的食物。 2.表征，指用曲线图或其他方式记录和展示数据，例如几种食物分别有多少小朋友喜欢。 3.运用信息，包括提问、决定需要什么资料，并通过解释收集的资料来回答问题，例如我们选择采购哪三种食物	

对照中美两国发展指南中数学这部分内容发现，两者要点基本一致。中国指南的优点是将发展特征细分到了3～6岁三个年龄段，方便不同年龄幼儿做对照。“美国高瞻”的优点是将3～6岁数学所涵盖的内容做了清晰的分类，方便以此为纲要全面发展。

所以接下来各取所长，依照“美国高瞻”的分类，同时分年龄段介绍相应的启蒙方法。

数学启蒙（1）——数字和运算

陶行知先生说，生活即教育。在数学领域，这句话再贴切不过了。不仅因为生活中处处有数学，还因为取材于生活的数学启蒙，孩子看得见摸得着，更能激发他们的兴趣，也符合学龄前具象思维的特点。

那如何在生活中让孩子获得数学启蒙呢？

先看第一部分——数字和运算，它包括以下内容：

- 知道数字。
- 知道数字的固定顺序。
- 能目测数量。
- 能通过一一对应来比较多少。
- 能一一点数并掌握基数原则。
- 认识数字符号。
- 会书写数字。
- 能做简单的加减计算。

这是0～6岁孩子逐渐获得的关于数的各种能力，接下来说说每个年龄段可以做的数学启蒙。

0～2岁

这个年龄段的宝宝，语言表达还不流畅，不要着急给他们文字符号，此时他们最需要的是听和说，以及各个感觉通道的探索输入。所以，请父母尽情地“叨叨叨”，哪怕刚开始他一点儿听不懂也没事。看见什么、做了什么、在想什么都可以跟孩子说，孩子的词汇量最初就是从父母那里获取的。

吃辅食时，边吃边数：

1（口）、2（口）、3（口）……

冲米粉时，边做边叨叨：

1（勺）、2（勺）、3（勺）……

带宝宝走楼梯时，边走边说：

1（层）、2（层）、3（层）……

带宝宝在厨房时，边做边数：

1（个）、2（个）、3（个）……

和宝宝一起收拾玩具时，边做边数：

1（个）、2（个）、3（个）……

和宝宝约定数到某个数就从浴盆里起来：

1、2、3、4、5、6、7、8、9、10。

出门之前和宝宝玩“爱的充电电”游戏时，约定数到某个数：

1、2、3、4、5、6、7、8、9、10……20。

穿衣服时，和宝宝玩数字接龙游戏：

1、2、3、4、5、6、7、8、9、10……20。

生活中包含数的情境几乎无处不在，只要我们稍加留意就能发掘出来。

宝宝不会说话也没关系，你就“叨叨叨”给他听，宝宝听着听着就琢磨出味道了：

1后面是2，2后面是3，3后面是4……这个顺序永远不会变；2块饼干比1块饼干多；念到20比念到10花的时间要长一点儿。

这些都是数概念的启蒙，无须书本，只需我们张开嘴巴。这也是我在前文提到的“唱数”阶段。

2～4岁

随着孩子能自己说出数字，流畅地唱数到20，能目测出2个、3个数量之后，生活中能玩的数学就更多了。例如：吃饭时，请宝宝帮忙拿2个勺子、4片餐巾纸，数数有几个人，如果爸爸等下回来又是多少人；吃点心时，请宝宝帮忙拿出3块小饼干、2块星星饼干，每个人一块小鱼饼干，9块圆饼干，平分给自己和2个小伙伴；玩积木时，请宝宝帮忙找2个圆形、3个长方形、4个三角形，问宝宝拱桥由几片积木组成，沙发又由几片积木组成，加起来一共有多少；公园里玩耍时，请宝宝找2片红色的椭圆形树叶，3片星星树叶，5片粉色的花瓣，问星星树叶和椭圆树叶一共有多少片；到超市买小件物品时，请宝宝帮忙找出3个硬币，数数零钱有多少，帮忙拿2盒口香糖，问一共买了多少样东西；玩商店游戏时，请宝宝用扑克牌或者乐高片做货币，然后分别扮演小老板收钱，小顾客付钱。

上述数字游戏，还可以根据孩子的能力增加难度和复杂度。游戏让宝宝动手动脑，爸爸妈妈还省心省力，何乐而不为！

3～6岁

通过以上的日常练习，孩子的一一对应点数能力和基数原则就基本形成了。与此同时，三四岁的宝宝逐渐对人类发明的文字符号也有了兴趣：原来“1”就是爸爸妈妈常说的“yi”，“2”就是“er”，“10”就是“shi”；通过长期的观察总结，他们开始将眼睛看到的符号（形），耳朵听熟了的语音（音），生活中观察到的意义（义）对应起来了。

> 基数原则举例来说就是儿童能理解这样一个规则，一一点数时最后数到的数字是3就意味着一共有三个，最后数到的数字是5就意味着一共有五个。这在我们成人看来天经地义，对小宝宝却不是，他们在3～4岁时会掌握基数原则。

当孩子能认识数字甚至有了自发的书写行为时，生活中可以玩的项目就更多了。给家人打电话时，请孩子帮忙拨电话号码（通讯录靠边站），记下爸爸妈妈的手机号；坐电梯时，请孩子帮忙按楼层，看看到几楼了；超市买东西时，请孩子帮忙找货架通道，看商品价格（小数点可忽略），帮你从钱包里拿钱，找出购物车里最便宜的东西；坐地铁或公交时，请孩子帮忙找站牌，帮忙找地铁出入口，读公交广告上的数字；一起读书时，请孩子帮忙翻找页码，看目录读页码；一起吃生日蛋糕时，请孩子把蛋糕切成若干份，并给每个人分一份；玩过家家游戏时，请孩子给4个娃娃各配上一套餐具，给每个小动物布置一张床，给每个客人一份餐食；玩商店或餐馆游戏时，请孩子定价格、写价签、写价目表、做销售记录；玩飞行棋等需要骰子的游戏时，请孩子报出骰子的数字，按数字来走棋盘，计算两粒骰子的和。总之，一切有数字符号出现的地方，想个难度适宜的数学小任务给孩子就会有收获。

数学源于生活，也服务于生活，有意义的活动最能激发孩子持久的兴趣。

数学启蒙（2）——几何和空间感

学龄前小朋友的几何和空间感包含以下四个方面：

对外形轮廓的认知（平面&立体）。能通过视觉或触觉识别辨认圆、方、三角、椭圆等基本平面形状，圆球、圆柱、立方体等基本立体形状，以及生活中各种线条轮廓。

对空间方位的认知。首先是能够分清自己的上下、前后、里外、左右，然后进阶到可以从他人的视角来辨别上下、前后、里外、左右；对距离远近、视角方向有一定的感知能力。

对形状的转换。能创造对称的形状（绘画或拼搭），还能通过平移、旋转、放大、缩小等操作，对形状进行转换。

空间推理。能在头脑中操作物体进而做出一些判断，比如在头脑中判断读书角里能不能放进喜欢的小沙发，某片拼图转一下方向后能不能拼起来，等等。

0～2岁

这个阶段，爸爸妈妈的主要任务有两个。

第一个还是“叨叨叨”。因为宝宝对形状轮廓、空间方位的认知都需要语言的支持，也就是说，他们得先从父母那里知道有关形状、空间方位等相关概念。父母可以通过多种途径告诉孩子。

在外面散步时，跟宝宝说说你的亲眼所见：

天上一朵一朵的白云在飘呢，
有的像飞马，有的像一团棉花；
树下撒了好多金黄色的小花，
你坐的小车轮子上也粘了好多，
妈妈捡一朵来看看，
有四片尖尖的小花瓣；
我们后面来了一辆车，
它有四个圆圆的大轮子，
我们靠边停下来先等一等，
等它开到前面我们再走。

给宝宝换尿布时，一边做一边描述你的动作：

妈妈先从柜子里拿出一片新的尿不湿，
放在床上，
还有桌上的湿纸巾，
也拿过来放在床上，
然后把尿不湿左右两边的粘扣解开，
再把尿不湿折起来垫在你的小屁屁下面。
现在，从纸巾盒里抽出一张湿纸巾，
擦掉小屁屁上的大便和小便，
一张，两张，三张，
哇，宝宝又干净啦！
然后把新的尿不湿打开，
垫在小屁屁下面，再把脏了的尿不湿抽出来扔到垃圾桶里。

把左右两边的粘扣贴上，再整理一下尿不湿的小花边，齐活儿！

当宝宝会走路了，还可以派点活儿给他：

请把米里面的球找出来给我，
请把毛绒玩具放进这个箱子里面，
请把桌上圆圆的碗拿给我，
请把桌子底下的方纸巾捡起来，
请拉着我的右手，
请把前面这个方盒子挪到沙发旁边。

在我们“叨叨叨”的时候，宝宝最初不知道我们在说什么，但随着一遍一遍地重复，他们会把听到的语音和看到的现象结合起来，久而久之，便理解了语言背后的含义。

在这里插一句，儿童对于方位词的理解，顺序一般是上下、里外、前后、中间、左右。3～4岁一般能理解上下、里外、前后，对于左右的理解是最晚的，一般要到5～6岁这个年龄段。

虽然理解有先后，但不妨碍我们“叨叨叨”，这是他们建立几何和空间感的重要基础。

与此同时，爸爸妈妈们还有第二个任务。0～2岁这个年龄段正是探索游戏的高峰期，宝宝对自己的身体，以及周围环境里的各种物品都有着强烈的好奇心。所以，第二任务是提供探索空间。例如，给宝宝提供可以钻的隧道或纸盒，让他体会从里到外、从外到里；给宝宝可以爬越的小障碍，比如靠垫，或是楼梯、滑梯，让他体会从下到上、从上到下；给宝宝一个目标物体来靠近，让他体会由远及近；给宝宝一些球或沙包扔，让他体会重力和惯性带来的空间运动，以及不同形状物体的运动轨迹差异；给宝宝一些容器和物品，如杯子和水，收纳盒和各种玩具，柜子和物品，体会放进去、倒出来，体会装满、腾空；给宝宝一个形状辨认箱，让他体会形状匹配，体会里面、外面；给宝宝一些积木，和他玩叠高高、排排队，体会初步的立体建构和摧毁。

2~6岁

这个年龄段的宝宝会说会走了，之前的“叨叨叨”可以减少，换成对话形式即可，但不要停。

与此相关，可以玩的游戏也多了很多，为了方便理解，按照前文四条内容做一下分类。

对外形轮廓的认知（平面&立体）

形状配对游戏（2～4岁）

自制形状卡片，正面朝下，猜猜哪张卡片和自己手中的相同。

找东西游戏（2～6岁）

和宝宝一起找出家里所有圆形的东西，所有三角形的东西，所有圆柱形的东西……

玩拓印（2～6岁）

拿乐高拓印、蔬菜拓印、磁力片拓印。

形状变变变（3～6岁）

积木拼接叠加，磁力片拼接叠加，半圆如何变成一个圆，小正方体如何变成大正方体。

画画（2～6岁）

孩子最初爱画圆，圆可以代表一切，慢慢出现了直线、折线。家长不必教不必催，耐心听孩子讲他的画。孩子最初画的人脸是正面的、圆圆的，然后会出现侧脸、背影；最初的身体都是站着的，然后会出现坐着的、躺着的；最初的物体无论远近是同样大小的，然后懂得远小近大。

对空间方位的认知

蒙眼爸妈的小向导（3～6岁）

爸爸或妈妈把眼睛蒙起来，请宝宝用语言指挥着去拿一样东西，让宝宝体会方位词的应用。

小小摄影师（2～6岁）

找一些熟悉的物品，让宝宝上下前后左右拍照，体会不同方位的视角差异。

猜猜我是谁（2～6岁）

爸爸妈妈找一些宝宝熟悉的物品，从宝宝熟悉的视角拍一些照片，不熟悉的视角也拍一些照片，然后让宝宝猜猜是什么。也可以让爸爸妈妈猜。

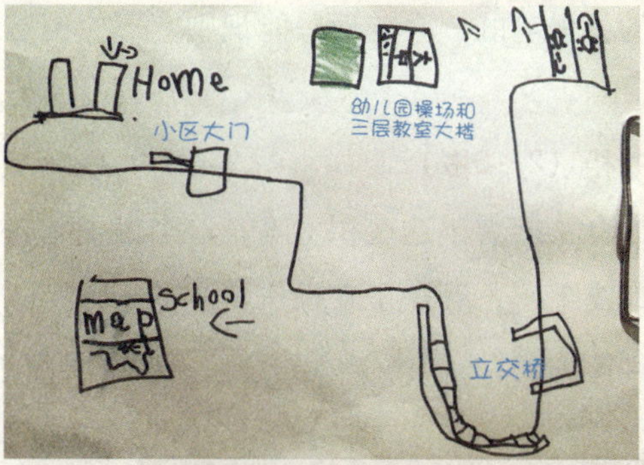

画地图（4～6岁）

找一条生活中宝宝经常走的路线，请宝宝画出来，并标出沿途的建筑物或其他熟悉的物品。也可以由爸爸妈妈画线路图，请宝宝猜猜是哪一条路。

建构游戏（2～6岁）

建构游戏是当之无愧的空间感试验场，从垒高、排队、搭桥、围圈，到初步的象形表征，再到复杂的立体造型，这些都是孩子空间感发展的基本路径。搭建时可以凭借记忆（心理表象），也可以借助实物图片，还可以借助图例模型或仿造别人的作品。搭建之后，如果宝宝愿意分享他是如何做到的，对空间感建立将更为有益。

对形状的转换

玩对称（3～6岁）

孩子一般会有自发的对称行为，比如拼对称的图案，画对称的图，喜欢对称的东西。爸爸妈妈可以借此和宝宝玩对称游戏，比如画出和他作品对称的画，拼出和他作品对称的图案。

形状找同伴（2～6岁）

找一些生活中的物品，每件物品都从两个角度拍照，然后打印出来，和宝宝一起找相同的物品，考验宝宝对物品不同方位下不同形态的辨识能力。

玩“变形”（3～6岁）

妈妈可以引导宝宝：“把这个东西变大一倍你会吗？变小一半呢？把它倒着放是什么样子？摔倒在地呢？”就像孩子最初画身体都是站着的，经过一段时间之后才会有“变形”，变成躺着的、坐着的，会变形、能识别变形，也是逐渐发展出来的。

空间推理——收拾玩具／抽屉／书柜（2～6岁）

妈妈可以这样引导宝宝：“这个方盒子能装下这些积木吗？这个柜子能装下这些毛绒玩具吗？这个笔筒能放下20支笔吗？”孩子在操作中逐渐感知物体的三维大小也便有了对空间的预见推理能力。

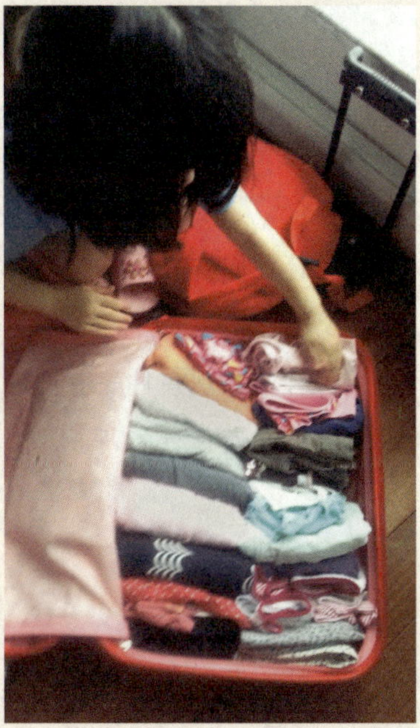

收拾行李/书包（2~6岁）

如何规划一个大的空间，在里面放入不同形状的物品，这是孩子在日常生活中就可以体验到的。比如，出去旅行时请孩子负责收拾自己的行李箱，上学时负责整理自己的书包。在力所能及的事情上承担责任，也构建了认知。

玩假装游戏（2~6岁）

假装游戏少不了道具，如过家家里的各种家具、餐具、人偶，开赛车时的各种汽车、马路、停车场，都需要规划空间来合理布置。让孩子来做主安排，既有社会化的发展，又有空间推理的发展。

这么多的游戏，也许看着有点儿眼花缭乱，**不过仔细寻思其实有一个诀窍，那就是几何和空间感需要孩子勤动手，在生活中多多身体力行、表达表征，凭空想是不行的。**

数学启蒙（3）——测量

测量，看起来比空间感容易得多，但测量就是给宝宝一把尺子一杆秤吗？不！除非宝宝主动跟你要，先不要主动给！

我一贯不爱吓唬人，为什么加个感叹号告诫大家呢？让我们先来看个故事。

故事的名字叫《甘蔗有多高》，其实也是一本书。它讲述了台湾“爱弥儿”幼儿园里的孩子们是如何对甘蔗产生兴趣，然后种甘蔗、观察甘蔗生长、测量甘蔗高度变化的故事。甘蔗苗一天天长高，怎样才能知道它有多高了呢？小朋友经历了下面这样的探索过程。

用自己身体来测量

虽然没有经过专业的指导，孩子们却不是白纸一张哦，他们有着自己朴素的科学探索观。

张开小手，去和甘蔗苗比一比，不就可以知道它有多高了吗？其实手边没有尺子的时候我们大人也经常用这种方法呀，用手比一比，用步子量一量。

借助外物来测量

上面的小朋友用手指头比画测量的时候，旁边的小伙伴说话了：“这样比，会变来变去。”可不是嘛。于是，孩子们想到了一些不会变来变去的测量工具：吸管、树枝、毛线、纸条等。

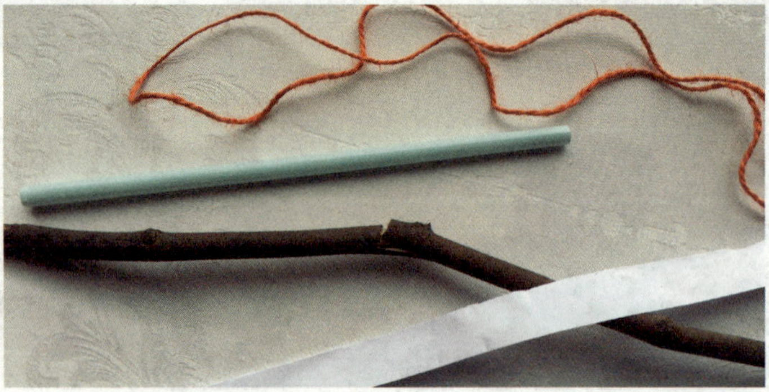

发现了非标准测量单元

上面利用树枝、毛线等测量的物品虽然五花八门，不过比用手比一比稳定多了。唯一的缺点是测量工具要经常更换，因为甘蔗越来越高。

有一天，孩子们发现了益智区的连环扣也可以用来量东西：拿一串连环扣和甘蔗比长短，把多的连环扣拔掉，然后把结果贴在“甘蔗成长图”上。

小朋友们体会到连环扣的好处：每个连环扣是一样大的，所以测量完后直接数连环扣的个数就可以了。

可量化、可累加，这不就是标准测量单位的核心意义之一吗？

孩子们发现测量太好玩了！后来差不多把教室里所有的东西都测了一遍，测出的东西越长他们就越有成就感。而且，在大量的测量过程中，他们发展出测量之前先目测估计的能力。

此时，一个惊天大设想冒了出来：测量“爱弥儿”幼儿园有多高！

三层楼的“爱弥儿”究竟有多高呢？孩子们找到了答案：353个连环扣！

发现了标准化测量单位

孩子们发现了连环扣这个等长的可以不断复制延长的测量单元，离标准化测量单位已经很近了。此时，老师问了一个问题：“如果我们告诉外面的人‘爱弥儿’有353个连环扣这么高，别人会懂吗？”

这个问题触及标准测量单位的核心意义之二：通用。

孩子们开始有点儿懵，老师没有马上给出答案，而是让孩子们再想一想有没有其他更好的测量办法。

第二天，有小朋友说：“爷爷说，用尺，大家都知道。”小伙伴们恍然大悟，异口同声：“对对对，我家里也有尺！”

可是找到了尺还是没有办法直接量“爱弥儿”幼儿园有多高，因为尺子不够长！小朋友们根据之前的经验很快想到了办法：用尺子量量353个连环扣有多高就行啦！间接比较的方法，就这么脱口而出了。

看完这个故事也许有人会说：“兜这么一大圈子有意义吗？一开始就告诉小朋友用尺子量不就行了？”其实意义非凡，体现在以下两个方面。

● 尺子的标准化单位以及外形，相比连环扣来说要抽象很多，学龄前儿童理解起来有难度。也许直接教能让他们学会使用尺子，但就失去了理解标准测量单位深层意义的机会。

● 《甘蔗有多高》其实不仅是测量的故事，还是一个如何解决问题的故事。人的思维发展有两大块，一是概念形成，二是问题解决。授之以鱼不如授之以渔，当孩子们从简单的方法出发，摸索、尝试、验证自己的想法时，这个过程中获得的不仅是知识本身，还有思维的发展，问题解决能力的提升，以及探索精神的培养，创造力的孕育。

除了这个故事里的高度、长度，学龄前孩子还需要对容量、重量、区域（面积）、体积、时间和温度建立概念。

建立这些概念的第一步是学会定性的比较，更具体一点说，是了解形容词的含义。

身高的高与矮，长度的长与短，体重的轻与重，体积的大与小，面积的大与小，时间的长与短，温度的高与低。这些概念都可以通过生活中的语言沟通来获得。所以，父母的“叨叨叨”是必需的，我们给予孩子的词汇输入量，就是他们认识这个世界的第一层阶梯。

那第二步是什么呢？这就要回到这一小节一开头的甘蔗故事了。小学中学能学到的测量方法请先忍住别教，以后他们有大把机会去学！

幼儿时期，请先让孩子有机会启动全身的感官，用朴素的科学实验方法去探索测量，那是他们感知这个世界最直接、最快速的方法，也是提高问题解决能力的重要途径。

在写这部分内容的时候，我想到皮亚杰很著名的守恒试验，其中的液体守恒其实也就是体积守恒。皮亚杰认为，7岁以前的儿童还没有守恒的概念。试验中，先向儿童呈现等量液体的相同玻璃杯，然后试验者把液体从一只杯子倒入一只截面积较小的容器（水柱就会变高），如果此时儿童认为右边杯子里的液体更多（其实体积没变），那就是不守恒。

哈哈，估计你也想玩这个游戏。我决定换个玩法在女儿身上试验一下。我用两个口径不同的容器，都装了一些水，问她："你觉得哪个里面的水多？"她指着左边的说："这个多！因为右边玻璃杯的杯底很高，而左边的塑料杯杯底很薄，所以塑料杯里的水（柱）更多（虽然它们的水平面是差不多齐平的）。"我说："那玻璃杯还更大呢，塑料杯都能放进玻璃杯里。你刚刚是凭猜的，可能不准，你有什么办法能测得准一点儿吗？"

"有了！拿两个一样的杯子，把水（分别）倒进去，就能知道了！我的红色刷牙杯和哥哥的橙色刷牙杯大小是一样的。"女儿回答道。于是我请她把塑料杯和玻璃杯的水分别倒进红、橙两个杯子里，再一对比，答案就很明显啦！

本来我想的办法是依次倒入同一个杯子里，记下水面的高度，然后比较两个高度就知道了。但小朋友的方法明显比我更直观。大人常觉得自己比孩子懂得多，但事实证明，大人未必比孩子高明。

无论是长度，还是温度、体积、重量、时间，这些特征的测量我们都很熟悉，所以在这里就不再做展开阐述。

因为太熟悉，我们往往很容易进入一个误区：简单的问题宝宝也理所当然一听就懂。所以，关于数学启蒙中的测量，其中心思想就是：

- 忍住，别抢小学老师甚至中学老师的活儿！
- 放手让孩子自己先探索折腾吧，那更符合他们思维的发展进程。

数学启蒙（4）——规律和数据分析

数学启蒙的规律包括以下几点。

- 发现规律，包括识别判断出规律的核心单元，并重复规律。规律有视觉的、听觉的和运动的。
- 描述变化，用语言来描述事物变化前和变化后的状态。

数学启蒙的数据分析包括以下几点。

- 分类或组织，包括资料的收集和分类，例如调查收集班上每个小朋友最喜欢吃的食物。
- 表征，指用曲线图或其他方式记录和展示数据，例如几种食物分别有多少小朋友喜欢。
- 运用信息，包括提问，决定需要什么资料，并通过解释收集的资料来回答问题，例如我们选择采购哪三种食物。

关于规律，我们可能一下子想到了1、3、5、7、9、11……不过，对学龄前小朋友来说，以图形方式呈现的规律更容易被他们所理解，比如下图中的“节拍”和按颜色序列。

日常生活中的规律更多，例如星期：星期一、星期二、星期三、星期四、星期五、星期六、星期日，不断循环往复。月份：一月、二月、三月、四月、五月、六月、七月、八月、九月、十月、十一月、十二月，每年循环往复。季节：春、夏、秋、冬，每年循环往复。宝宝作息：早晨起床、早餐、运动、午餐、午觉、读书、晚餐、游戏、晚上睡觉，每天循环往复。生长：每过一年大一岁，身高会比去年高一些……对于0～6岁的宝宝来说，比起抽象的规律，日常生活中的这些规律更触手可及，更能让他们理解规律的意义。我们应该依托这些生活日常来带着宝宝感知、熟悉规律，比如家长可以和宝宝一起做每日作息贴纸，让他能更直观地感受到每一天的相同之处（规律），每一周的异同，带他们去公园或户外感受四季轮回。

统计分析这块内容在我国小学教材里的比例比较低。各个国家对各个知识点的引入时间点和比重有所不同，美国、英国、新加坡的数学对统计分析的内容引入

较早，比重较大，在幼儿园已初步引入。

如果我们仔细看一下数据分析的具体内容，就会发现，数据分析也非常贴近我们的生活，并不是看起来那么高深。例如，爸爸妈妈和宝宝聊有关幼儿园的话题时，可以问宝宝，小朋友们穿什么颜色的衣服最多？红色还是橘色？最喜欢玩什么游戏？自由活动还是娃娃家？那怎么知道谁猜得对呢？此时数据分析就派得上用场了，四五岁的宝宝可以参与其中。

第一步，先把班级所有小朋友穿过的衣服颜色列成红、橙、黄、绿、青、蓝、紫、黑、白；第二步，把班级所有小朋友名字打印出来，剪成一个一个小纸条备用；第三步，在每种颜色后面贴上今天穿了相应颜色衣服的小朋友名字；第四步，数数哪种颜色后面的小朋友最多，哪种最少；最后得到下面这张图，这就是数据分析。有人会说："这不就是我们常说的柱状图吗？"对呀！换一种呈现方式，学龄前小朋友也可以做出来哦！

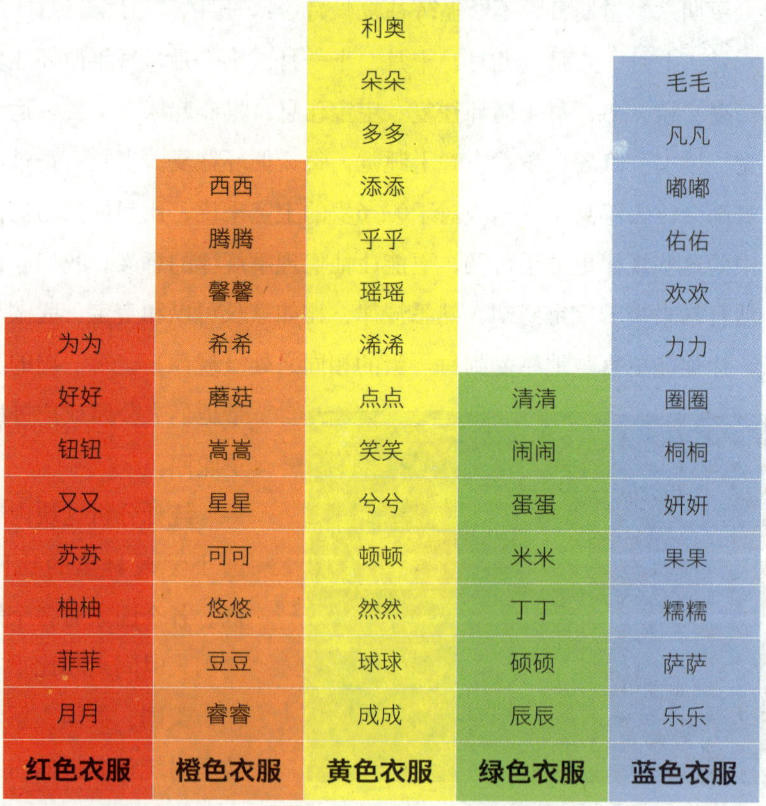

数据分析不仅是数学方面的能力，还可以帮助儿童渐渐感知到他人视角，观察到全局，由此发展出全局观。比如，根据喜欢玩什么游戏的小朋友最多来决定玩什么，根据小朋友喜欢的食物排名来选择派对上买什么。在团队合作时，也更有可能采用客观公平的解决方案来赢得团队成员的支持。

02

如何在游戏中
实现英语启蒙

英语启蒙，第一次是在儿子4岁左右，走了不少弯路。一方面，第一次当妈没经验，再加上工作忙没下功夫研究；另一方面，当时也没现在这么丰富的资讯、资源。时隔八年后，女儿也开始接触英文，我才有机会修正英语启蒙中曾经的错误认知和做法。所以，这一节分为两大部分：第一部分是曾经掉过的坑，大家可绕道而行；第二部分是现在的经验分享，也是女儿的三年英语启蒙历程。

曾经掉过的坑

误区1 以为把娃送进机构就万事大吉了

儿子从幼儿园小班开始就在一家机构学英文。那个时候机构少，所以交通就是个问题，每次课上一个半小时，路上来回差不多一小时，回到家大人小孩都很累，往往是回家后就赶快洗洗睡了。也因此，潜意识里把上完课和完成英语学习画了等号。在家很少回顾课上内容，也没有同步的英文阅读，全靠一周两节课。上完三年英语课，输出很少。

误区2　等孩子大一点儿再补回来也一样

严格来说，小学三年级开始学都不晚。不过，有一个问题通常进入不了大家的视线，只有遇到了才恍然大悟，那就是阅读水平和认知水平的匹配。

阅读水平是孩子可以读懂的阅读材料级别。在英语国家，AR分级、蓝思Lexile分级都比较常用，比如AR3.2表示三年级第二个月的水平，蓝思Lexile 500L～700L是美国小学3年级的水平。英语分级阅读材料的题材、用词、复杂度、深度以及语言中很重要的重复性，在编写时尽量是和年龄相匹配的，这里的年龄是针对母语为英语的孩子。而英语是第二语言的孩子，比如8岁了再启蒙，他的认知水平已经8岁了，但是他能读懂的阅读材料可能是以英语为母语的孩子的四五岁读物。8岁的认知水平和四五岁的阅读水平，有什么问题呢？孩子觉得幼稚，读不下去，而且因为是第二语言，这两者的距离会越来越大。如今适合小朋友启蒙的原版书、视频、音频是海量的，不适时用真的可惜了。

误区3　英语和数学差不多，只是一个学科而已

在试卷堆里摸爬滚打十几年的我们，语、数、英是刻在脑袋里响当当的三大科目。但英语和数学真的是同类吗？真的只是一个科目吗？真的只是考试拿到好分数就行了吗？

有朋友曾半开玩笑地说："我学英文的目标就是到国外也能看着菜单点菜。"但我们有多少过了六级能看懂菜单的？有多少像我一样现场搜美国版大众点评看图片才能点菜的？语言和数学、科学、地理、历史、文学不同，语言是一座桥，通向另一个世界的桥，那个世界也有数学、科学、历史、地理、文学。真正掌握一门语言，是能运用它去交流、了解文化，学习学科知识。多掌握一门语言，便有了更宽广的视野，让我们免于一叶障目。

女儿英语启蒙实战经验

吃一堑长一智，掉过的坑不能再掉。当女儿3岁多开始对语言很敏感、很有兴趣时，这次我很认真地给予她支持。

第一阶段　对英文感到新奇

儿子小升初时准备考双语学校，虽然他英文在班级里还算不错，但是离报考学校的要求还很有差距，只好临时抱佛脚，翻出家里的英文书和他一起读。说者无意，听者有心。那时不到 3 岁的女儿，看我和哥哥读得热闹，也想读。就这样开启了我们的英文亲子共读。刚开始就从家里已有的分级读物里面找她喜欢的，读下来觉得对她有点儿难度，所以后来在书展买了一套朗文的2～4岁启蒙小书，以及学乐的一套phonics分级读物（级别买高了，太难，读不下去）。

朗文的这套小书起初我觉得好枯燥，一个句式翻来覆去反复说，全书20个单词不到，每页一句话，翻一页，还是这句话，只是换了一个单词，毫无故事情节可言！只是每页画面不同。

Where are we?

"Where are we?" asks Jenny.
"We are on a ferry." says Mummy.

"Where are we?" asks Jenny.
"We are on a bus." says Mummy.

"Where are we?" asks Jenny.
"We are on an aeroplane." says Mummy.

可是女儿爱不释手，很喜欢，点读率很高，不但每晚必点，且要读两三遍，所以这句话我一晚上得说上18遍！

"Where are we?" asks Jenny.

"We are on a ferry/bus/train/tram." says Mummy.

就这样连续说了十天之后，奇妙的事情出现了。她开始主动复述每页的差异点——不同的交通工具，ferry，bus，train，tram，taxi，aeroplane。然后开始整句整句地蹦，虽然吐词还不清晰。于是我提议玩角色扮演，她演Jenny，我演Mummy，她问我答，或者互换角色，有时还会在原句中换词，例如原句是："'Where are we?' asks Jenny."我换成："'Where are we?' asks Mummy."她就觉得很有趣，乐得哈哈大笑。一本毫无故事情节的书，竟然可以读玩得这么开心！之前她只能复述单个的词或短语，换角色对话之后，她开始复述简单的句子了。游戏就是这么奇妙。

后来，当我读到《伯克毕生发展心理学》关于婴幼儿语言发展的章节时，顿时明白了为什么这样一本毫无情节，只是不断重复某个句子的小书会深得小人儿的喜欢。书中写道："7～9个月，他们能再认口语中的熟悉单词，开始知觉到以词为单元的言语流……在辨别声音模式方面，婴儿是令人惊异的统计分析者，例如在觉察单词时，他们能把经常一起出现的音节（表明它们属于同一个单词）和很少一起出现的音节（表明一个字边界）分开。"这就是为什么幼儿刚开始学习语言时特别喜欢重复，因为每一个重复出现的模式（例如英文里的单词，中文里面的字词）就像小溪中冒出来的小石块，很容易被幼儿捕捉到。当这样的小石块越来越多连成一条路，就可以踩着它们走过溪流，连词成句了。

女儿的英语启蒙第一阶段持续了半年多，转入下一阶段。

第二阶段　上机构，积累听说对话

有些父母能自己全权负责孩子的英语启蒙，我自问没有这能力和决心，所以在女儿3岁半的时候给她找了一所离家近的机构去学。我对机构的要求不高，距离近、遵循听—说—读—写这样的顺序就好。有些机构为迎合家长速成心理，零基础就教自然拼读的，这种不予考虑。之所以对机构不太挑剔，是因为文章一开始提到的，不要以为把孩子往机构里一送就万事大吉了。也就是说，无论送哪家，家里需要下的功夫都不能少。

去机构首先是想让女儿定期体验一下纯英文听说环境，认识到有这样一种语境，并慢慢了解、习惯。而这个需求的满足方式具体到每个家庭不一样，有的家庭自己就能给，有的家庭就不大可能实现，比如我家。其次是想给她一个比较完整的框架，而非碎片式的。在机构的课程结构里她熟悉了英语中一些基本的名词、动词、形容词（身体各部位，各种动物、植物，各种日常用品，各种食物，各种颜色，各种形状，各种服装，各种动作，各种情绪等常用词）和常用的句子、句式。

机构课程配套的CD，两年加起来有上百首儿歌，每天接送幼儿园的路上至少听半小时。刚开始只默默听，听多了之后她慢慢跟着唱、跟着读起来了，输出越来越多。最后一次公开课的时候，八个孩子，有三个是能和老师对话的，另外几个孩子无论老师问名字、问年龄，还是问天气，回答都是My name is……我想这差异就在家里提供的环境上，也再次证明，不是把孩子往机构里一送就完事了的。其实，稍加思考就明白了，一周仅用1.5小时的课堂时间就期望孩子会基本的英语对话，这是不现实的。

第三阶段　认字母、学拼读

听—说—读—写，我们很熟悉的四个字，孩子们学习语言的顺序也该是这样：先听说，后读写。

女儿的听和说从3岁到5岁积累了两年，5岁时接触到Leapfrog这套自然拼读学习视频，她第一次看就喜欢上了。其中，第一个视频*Leapfrog Letter Factory*是26个字母的Phonics自然拼读发音，每个字母都利用一段小场景设计了小故事，她看了几十遍，百看不厌，最后所有字母发音烂熟于心，还要跟我演出来。我感觉她不是在学习，而是在看戏。第四个视频是*Leapfrog Talking Word Factory1*，讲拼读的，看了几遍之后她明白了类似cat的单词是k－a－t这样拼读出来，特别兴奋，马上抓着我给她出题。

CAT PET SET GET RAN CAN FUN STOP

DOG PIG BIG RAT HAT AT SAT MAT

HAD DAD SAD SUN CAT MAN

不难看出，会拼读还有一个前提是认识字母。女儿对文字符号敏感是从4岁多开始，喜欢“画字”，首先是数字，接着是字母，最后才是最难的汉字。看到她对文字符号有了兴趣，我就和她制作了一些字母卡片来玩。结合Leapfrog视频中对26个字母的演绎，不仅记住了发音，也牢牢记住了字形。

大家可能发现了一个现象：小朋友对大写字母熟悉得快，对小写字母熟悉得慢。于是，我又和她一起制作了一套小写字母卡片，和上面的大写字母玩配对游戏，靠这两样把26个字母大小写都认全了。

前面我提到过，不建议让零基础的孩子直接学习自然拼读。请切记，拼读一定是要有听说基础之后才学的，因为耳朵积累的大量音素发音能帮助孩子理解拼读中的规律和原则。女儿在学拼读之前已经有了两年的听说基础，具体多少单词没有精确统计过，但听的词汇应该是过千的。

学Phonics自然拼读，除了Leapfrog视频，还有一些网站也很好，看孩子更喜欢哪个，都是不错的选择。我女儿很喜欢Leapfrog，16个视频每个都看了好多遍。圣诞节那一集她看哭了，拉着我演，给我讲情节，讲台词，为了和她配戏，我看了两遍，故事情节写得很丰富，也很深入孩子的心理，确实很打动人。能走进孩子内心的作品，一定是好作品。

第四阶段　自主阅读

在女儿会拼读之前，要么我读给她听，要么给她听音频。有了拼读的本领后，女儿开启了自主阅读之旅。刚开始她读得很慢很慢，因为拼读还不熟练，但是她坚持要自己读，不让我读，但又不让我走开——我必须坐在她身边当听众。

这个阶段我所要做的就是好好当听众、好好选书。

市面上各种英语启蒙的分级读物和绘本该买几套？哪套更合适？刚开始我也分不清，买失败了一些，要么她不喜欢，要么难度高了。接下来重点介绍三套她很受益也很喜欢的分级读物，不过书籍不断推陈出新，现在也许有更合适的，所以这里只是供大家参考，不用原样照搬。

第一套：RAZ kids

美国不少学校采用这个作为学生的阅读材料，有视频，也有书。一共有27个级别：aa、A、B、C、D……Z。每个级别近百本书、二三十个视频（每个视频分听、说、quiz做题三块），也就是说，只有一小部分的书有配套视频，大部分是没有视频的。

RAZ的风格是什么样的呢？

- 方格子般的规整。
- 积累词汇的优质素材。
- 趣味性一般。
- Phonics考虑得较少。

名词类的学习，例如：

This is a cherry / pear / banana / tomato / apple / orange / lemon.

每页的句式都是This is a ....，只是跟的名词和图片换一下。

形容词类的学习，例如：

××× is safe. ××× is not safe.

主语换一下，场景换一下，来说明safe的具体含义。

动词类学习和名词类类似，相同的句式，不同动作图片配上单词。

当然，随着级别增高，复杂度会增高，但是整体的趣味性确实不高。

所以，虽然用它来积累词汇是不错的，但是光有它还不行，我开始寻找其他的阅读材料。

第二套：牛津阅读树

之前就听说这套书很不错，待书拿到手上，确实不愧为经典。

首先，它将英语这门拼音文字的核心特征抓住了：自然拼读Phonics。有人会说："这还不容易吗？"是，如果只有Phonics并不难，难的是将Phonics融入故事中，既有Phonics，又有有趣的故事和词汇学习。

摘取其中一篇Phonics故事感受一下作者们是如何将自然拼读和故事的趣味性有机融合在一起的：

The Red Hen

Tess the hen was not in the pen.

Dad had a net.

Mum had a bag.

Tess ran. Mum ran and Dad run.

Chip did not run.

Chip got a big box.

He put in a pot.

He set the box up.

Chip got Tess in the box.

Dad put Tess in the pen.

除了特别为自然拼读Phonics设计的故事，还有一些生活故事。这些生活故事和一般的故事也不一样，比如有一篇关于雪人的简短故事，前半段看着很平淡，后半段急转直下：调皮的狗狗抢走了雪人的帽子，然后被帽子蒙住了眼睛的狗狗把爸爸撞飞在地，雪人也倒了，然而孩子们都被爸爸的窘样给逗笑了。细心回看，爸爸的行踪其实在之前几页就有伏笔。童趣就这样自然而然地藏在了几页简单的故事里。

而且，这套书有人物性格设计，爸爸妈妈和三个孩子Biff，Chip，Kipper以及一条狗狗Floppy，都有着自己的个性，而这些个性在各种生活小故事里展开、延续。读书的同时，也和这些人物越来越熟悉，越来越靠近，就像朋友一样。

与那些纯粹为了积累词汇或拼读的功能性故事相比，这样的故事更有温度和趣味，也容易赢得小朋友的持续热情。相类似的比如粉红小猪视频，也是小猪一家子的生活小故事。美中不足的是，粉红小猪的书对当时只有5岁多的女儿来说太难了，句子长、用词复杂。我买了几本，看得不多。

第三套：Biscuit饼干狗

这套书属于著名的“I can read”系列。最最吸引女儿的是小女孩和狗狗这两个角色，以及甜腻、可爱得不得了的音频。每天晚上我们坚持亲子共读（其实英文阅读基本是她读我听），这套书的点读率也很高。

有人问：“为什么你介绍的都是分级读物，英文绘本不可以吗？”

当然可以。只不过，分级读物在编写的时候就考虑了完整性，会让孩子从易到难、比较全面地接触阅读所需要的Phonics、词汇、句式等，而绘本的风格各式各样。如何把大量的绘本组织成一个比较完整的框架体系就需要我们自己来完成了，对于英语非母语的家长来说，这个工作量是很大的。

所以，我的建议是，每个阶段用两三套分级读物来覆盖完整性、趣味性、多样性，然后配一些绘本来调调味道。

另外，有朋友特地向我反馈，点读笔对孩子学英文帮助很大。一方面，孩子可以自助学习，另一方面，对孩子的发音也有着极好的示范引导作用。

> 最惊喜的是，能读英文后，可以读的书一下子多了好多好多！有一种忽然发现一个新世界的感觉。这就是语言的魅力吧。

如何在游戏中 实现语文启蒙

语言分“听—说—读—写”四个部分，中文是我们的母语，听和说不是问题，所以我们通常关注的是读和写。

我在中科院心理所的硕士课题研究方向是早期读写，读国内外相关文献时发现我们对于母语学习普遍存在两个误区。

误区一　幼儿对文字的所有认知必须由成人教才会

实际情况是，对于母语，幼儿在接受正式读写训练之前已发展出一定的文字意识，并非等到他们正式学习识字阅读时才对文字有认知。具体时间进程是，约3岁时能区分文字与图画（中文、英文均是），5岁左右能掌握文字构成规则中的微观视觉特征（比如中文中的笔画像线条又不都是直线，英文单词中字母呈水平排列不能有数字，等等），6岁左右发现文字构成规则中隐藏更深且需要更高提取能力的潜在特征，例如中文的正字法要求，英文的拼写规则（spelling）。

那么，没接受正式读写训练，小朋友是怎么获得这些文字知识的呢？

答案是内隐的无意识学习。针对幼儿早期读写有很多研究，其中有一项是针对3～6岁美国（母语为英语）和巴西（母语为葡萄牙语）幼儿。研发发现，美国幼儿随机书写中叠字（例如aa、bb、cc）的比率是葡萄牙幼儿的3倍，而英语和葡萄牙语两个语系拼写规则中合法叠词数量（分别为18个、4个）占所有固定字母组合的比例分别是4%～5%、1%～2%，也就是3倍左右的关系。另外，巴西幼儿使用的元音字母比美国幼儿明显多，这也与两个语系总体特征一致。这些都说明幼儿在没有外界指导的情况下，自己能够提取出一些文字构成规则，这种内隐学习从他们暴露在文字中的那天就开始了。

这提醒我们，在孩子生活环境中加入文字信息能帮助他们对文字的认知。书籍自然是最好的选择。可喜的是，现在越来越多家庭重视亲子阅读了，一些孩子还从绘本阅读中开始识字。

误区二　想要宝宝识字，给他读绘本就可以了

误区一说的是幼儿对文字构成规则的认知，但这不等于识字。

一些心理学家用眼动跟踪技术研究了亲子阅读时幼儿视线的聚焦点，在研究中，他们发现无论图画书中的文字以何种形式呈现（图片上方或下方、单独页、气泡形式），无论讲述时家长根据书上文字一字不差地讲，还是随意发挥地讲，无论文字有多醒目，幼儿绝大部分时间都是在看图，而不是文字。如果家长不明确地指着文字读，3～5岁幼儿看向文字的时间比例只有2%～6%。当家长明确指向文字时，这个比例上升为10%～24%。另一些心理学家采用问卷调查方式对家庭读写环境展开了详尽深入的调查，研究发现，对文字形态和构成规则认知发展有积极影响的是那些孩子能直接接触文字的书写和阅读活动。也就是说，让幼儿通过视觉、听觉、触觉等多通道参与到与文字的互动中，要比被动地听成人阅读（仅通过听觉通道）更能促进幼儿早期读写能力的发展。这两个视角的研究都表明，亲子阅读活动若想帮助儿童认识文字，需要直接指向文字的活动，比如指读，或是其他让孩子能注意到文字的方式，仅仅看图听故事是不够的。

女儿在5岁时主动跟我说："妈妈，你教我认字啊！"在此之前，她对汉字的兴趣不明显，虽然她4岁开始有自发书写的意识，但书写内容基本是数字、字母，或者"外星文字"，汉字很少出现。

她发出认字信号后我做的第一件事是在亲子阅读时增加指读环节，文字少的书指读全文，文字多的书比如《不一样的卡梅拉》，每本只指读两三段，以免影响到阅读氛围，甚至阅读兴趣。

第二件事是设计一些游戏来帮助她识字。

识字游戏1：拼故事

第1步：选一个文字片段

先让孩子挑一本喜欢的绘本，然后从中挑一页喜欢的片段。

第2步：剪开超大的"打印书页"

把这页所有文字录入电脑，用超大字号75号字打印，同时贴上一层200克～300克硬卡纸，这样方便剪开后小手拿着操作。同时注意调整字与字的间隙，确保每个字边缘有足够空白空间。

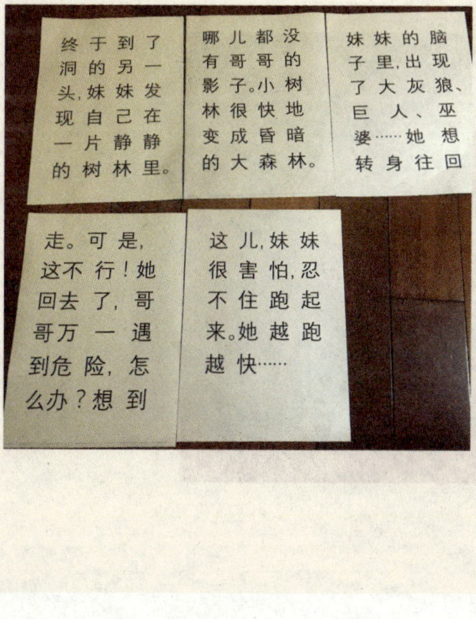

第3步：找出重复的字

把所有的字一一散开来，不要重叠。然后把里面重复出现的字找出来，这样后面拼故事的过程可以节省点儿时间。对于孩子认识的字，可以都由她来找，比如哥、妹、大、的、林；对于还不认识的字，需要给予一点儿提示的，我自己先找到一个，然后让她找出另一个或另几个，比如静、回、想。

第4步：拼出原来的“书页”

对照原文，把上面的内容一个字一个字地找到，然后连接起来，形成句子、段落。

女儿选的这一页内容挺长，共有一百多个字，加上她识字不多，我们俩一起花了一个多小时终于拼完书上的内容。

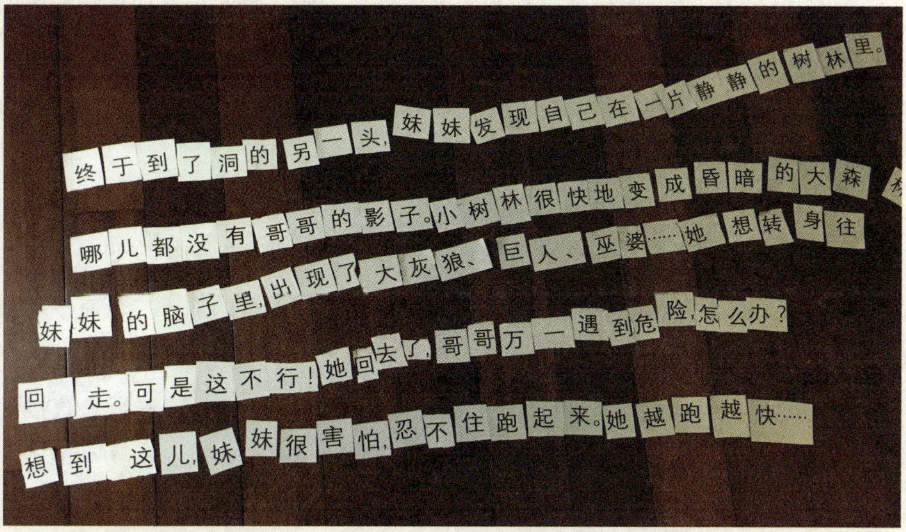

也许有人会问："云妈，你为什么不买现成的识字卡呢？"

主要出于两点考虑：

- 在游戏中她可以自主选择内容，这种主动性更能激发她的学习热情和专注力。
- 这些文字来自于她喜欢的绘本，更能让她深切体会到识字的意义：阅读。

另外说一下为什么选择汉字配对拼故事游戏，因为配对不要求孩子识字，降低了难度，适合启蒙阶段用。与此同时，配对游戏又将孩子的注意力有效地吸引到了文字上，在找字配对的过程中，儿童将字形调入了短时记忆的范畴，不再是瞬时记忆，为文字进入长时记忆做准备。

心理学上将记忆按保持时间的长短分为三种，瞬时记忆、短时记忆和长时记忆。

瞬时记忆是什么？此刻请你抬起头朝窗外扫一眼，瞬时记忆让你脑海中留下或者熙熙攘攘、车水马龙，或者高楼之外还是高楼的印象，可是稍纵即逝，你只记住了一个模糊的场景，往往记不住任何细节，因为瞬时记忆时间很短，不超过2秒。

长时记忆是我们最熟悉的，那些让人记忆深刻的某件大事，反复读过的文字，妈妈常说的一句话，你可以很容易回忆起来，有的甚至能记一辈子。这些都属于长时记忆，其信息的来源大部分是对短时记忆内容的加工，也有一部分由于印象深刻而一次获得。

短时记忆位于瞬时记忆和长时记忆之间，它有两个成分，一个是直接记忆，可以理解为硬记，容量有限，大约为7正负2个单位，也就是5～9个单元。说个例子大家就理解了，比如我们记手机号码，很少有人直接硬记11位，而是以下两种模块式记忆居多。

344模式：××× ×××× ××××

434模式：×××× ××× ××××

原因就是我们直接记忆的容量有限，于是我们拆分成3小组，每小组不超过4个，这样就容易多了。

短时记忆另一个成分是工作记忆，即输入信息再编码，使其容量扩大，不再受7正负2的限制。由于工作记忆与长时记忆中已经存储的信息发生了意义上的联系，编码后的信息进入了长时记忆。

识字游戏2：句子排序

随着识字量增多，大概有两三百个字的时候，我和女儿开始玩句子排序。

步骤如下：

- 找喜欢的故事段落。
- 打印→贴厚卡纸→一句一句剪开。
- 随机抽取一条一条来读。
- 按照原文拼出来。

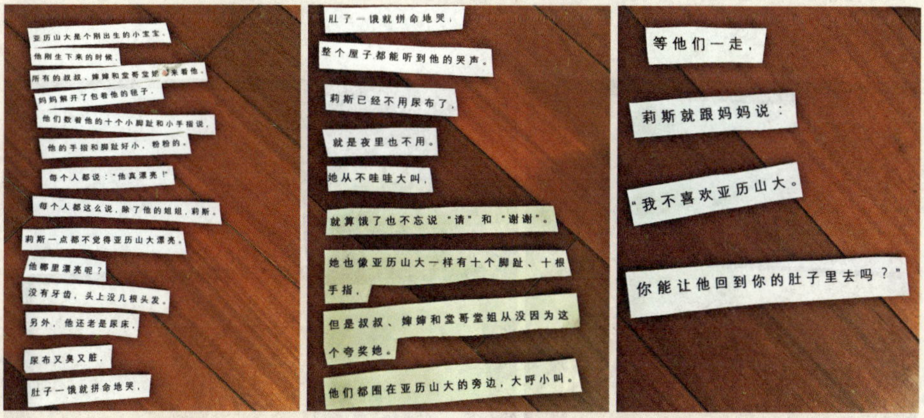

识字游戏3：手心猜字

女儿小学一年级时，有了明确的写字要求。我发现"手心猜字"这个游戏特别受小朋友欢迎，可能因为它充满了神秘感，再加上与妈妈的肌肤接触，更加促进了亲子联结。

方法很简单，她在我手心写字我来猜，然后交换角色我写她猜。

要点是，选择简单的字、正在学的字。

拼音游戏：卡片拼读

一年级开始学拼音了，女儿对声调不熟练，于是我们用两种不同颜色的卡片写上声母、韵母来玩卡片拼读游戏。

玩法很简单：她拿声调卡，我拿韵母卡，每个人随机抽出一张拼在一起，由拿声调卡的人拼读，过段时间后互换角色。

声调熟悉后，增加难度，把声母也加上一起拼读。

在这里告诉大家一个小诀窍：不能只让孩子拼读，轮换到父母拼读的时候要投入地读。在游戏过程中尽量不要教，按你的方法读出来就好，因为小朋友理解力有限，可能听不懂你抽象的拼读规则解说，但是能发现你拼读中的规律并模仿。

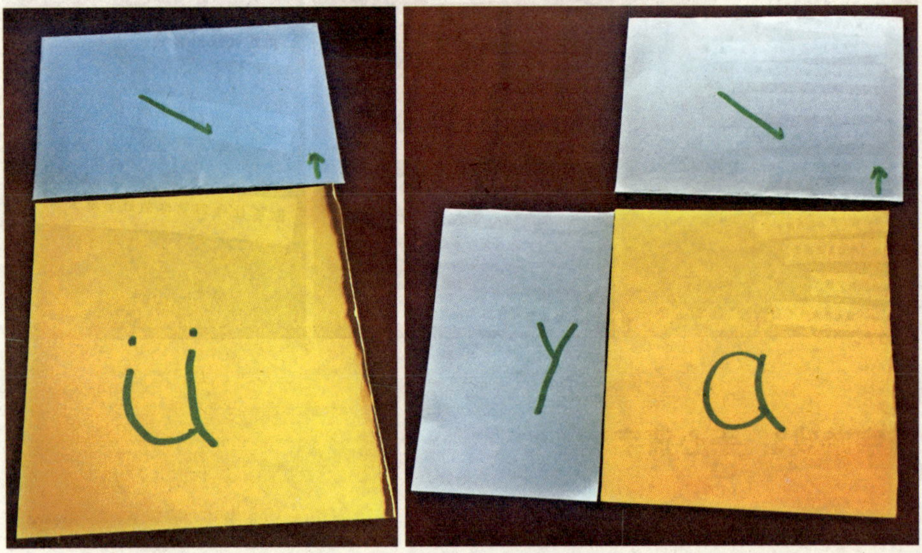

04

如何在游戏中 实现绘画启蒙

女儿很喜欢画画。上幼儿园的时候，她时不时就会自己一个人安静地作画好长时间，然后产出一二十页作品。有时我会把她的画发在微博上记录她的成长变化，因此收到不少妈妈咨询关于宝宝绘画的问题。

虽然儿子和女儿都爱画画，我却不擅长，仅有的画画经历是中学时在书上画翁美玲，大学时画制图作业。我先生跟我也差不多。所以我们给不了孩子绘画技能上的专业指导，我想很多家庭和我们情况一样。

但启蒙的工作还是可以做的。

我把微博上大家的提问归为五类，一一作答，从中可以找到绘画启蒙的思路和要诀。

问题1　孩子总说自己不会画

网友A：我家宝宝刚3岁，小时候会随意涂鸦，现在有画的意愿但经常说不会画，然后就着急或者直接就不画了。（3岁）

网友B：小熊姐儿2岁11个月的时候，我提议一起画画吧，她就胡乱画几笔，然后说："我不会画，你来画吧！"对画画兴趣不大，对事物的观察也不够，问她看到什么了，她总说不知道。（3岁）

网友C：3岁半男宝，未进行画实物引导，随意涂鸦，但他自己好像总感觉自己不会画，不愿意画。乐高玩得好，动手能力应该还可以。拼图也不愿意玩。我困惑很久了，求解答。（3岁6个月）

网友D：我们家的孩子让她画画，就说不会，但是也不能直接画给她看让她照搬吧？不知道怎么引导。（4岁2个月）

网友E：我是超级不会画画的妈妈，有时候宝宝让我画个孔雀啥的我都画不出来，没什么想象力。感觉5岁的女儿也遗传了我的基因——让她画什么，就说我不会画。不知道该怎样引导孩子。（5岁）

云妈答疑

这个问题被问得最多，看来是最困扰家长的。

孩子为什么说不会画？我分析其中原因有两个。

原因之一，孩子的观察积累和表征能力还不够。例如问题列表中第一个提问的家长，刚满3岁的宝宝，有画画的欲望，但是能力还不到。我女儿3岁多的时候也说过这句话。那天她哥哥提议全家一起画画，哥哥在画军舰，我当时正在看《瓦尔登湖》，于是根据文字来想象画那片树林小湖和作者居住的小房子，女儿看到我们画的作品后跑过来找我，一脸沮丧地说：“妈妈，我不会画这个。”

我解读她这句话的意思是：她看我们画的都“很像”，而她画不出来。我把她抱入怀里，对她说：“每个人可以画得不一样，你想怎么画就怎么画，你画的树可以和妈妈不一样。”这句话对她很有安抚作用，后来她很少跟我说她不会画了。在日常相处中我也常给她传递这样的观点：每个人都是不一样的，一件事情有的人这么做，有的人那么做，我们可以和他人不一样，包括好朋友。

当孩子的想法跟不上他们的能力时，他们最需要的是父母的鼓励：你想怎么画都可以，你可以和别人不一样。

其实，随着孩子生活经验的丰富，观察记忆更深入，他们的表征能力会越来越强。女儿曾经有好长一段时间把仙女的披风画在屁股上，画了3个月后她把披风从屁股挪到了肩上。

原因之二，父母太过主动，比如提问中有几位是“让孩子画画”，这样的提议其实和布置作业的感觉差不多。对于当时没有画画意愿的孩子来说，是被动的压力。孩子希望父母满意，可是又感觉做不到，只好说“我不会”了。

这种情况怎么办呢？

如果自己不懂绘画，又希望孩子喜欢涂涂画画，最省心、最有效的办法是给孩子提供绘画所需要的环境：触手可及的纸笔、不要求、不评判。

2018年我采访了一位妈妈，她女儿叫晓晴，4岁开始喜欢上画画的。晓晴喜欢画画的起因是妈妈给她买了一盒很容易上色的彩铅，然后她拿来涂色，再过渡到自己画，后来越来越喜欢，一天能画十几张。

晓晴妈妈觉得她没做什么，但其实她创造了很好的环境，前面我提到的三点她都做到了，提供纸笔，不要求孩子画画，不指点孩子哪里画得不好。

请记住，环境自己会“说话”，比我们不合时宜的发声更有效。因为由环境而带动的活动是孩子的自主行为，有内驱力，所以更有生命力。

问题2　热衷于玩绘画材料，不画画

网友A：小熊姐儿以前扔蜡笔，家里蜡笔都被摔成了一小截，不会画形状，只会随性画圈，后来喜欢用水彩笔涂色，发现用软笔头涂色省力后，把硬笔头的水彩笔都打入了冷宫。（3岁）

网友B：宝宝3岁1个月，在家画画就爱拿笔戳戳，所有的水彩笔笔头都被戳进去了，蜡笔就爱撕笔外围的包装纸，并折断蜡笔。在家时有时会提醒他，但大部分时间随他折腾。上幼儿园刚一周，画画时因折断笔、撕包装纸等问题已经被老师批评了，老师说想画也不给你画。（3岁1个月）

云妈答疑

孩子玩笔、玩纸是非常正常的现象，尤其对两三岁的孩子来说。有段时间我常去一家机构做志愿者，工作内容是陪一些需要接受手术治疗的宝宝玩，那里小宝宝偏多，几个两三岁的宝宝刚开始拿着画笔不是画画，而是反反复复地把笔帽从笔头上拔下来，然后再盖上去，乐此不疲。

为什么会这样？因为小宝宝们并非天生就懂得人类各种工具的典型用途，所以当他们拿到不熟悉的物品时，首先是被好奇心驱使着他们去探索这个物品，发现物品的特点，比如笔头、笔帽能配对，小狗狗玩具的头和尾巴是能转动的，小汽车方向盘上的按钮按下去是有声音的……宝宝发现自己的动作能改变物品的形态，这让宝宝很着迷，于是反复尝试，直到他们确定了这些因果关系。

这些反复的试探把玩，正是第二章所提及的探索游戏和关系游戏。对单一物体或两三件物品进行反复的操作，比如拿勺子咬一咬、敲一敲、扔一扔、捅一捅，把勺子放在杯子里，杯子和盖子对敲或是盖上，等等。刚开始宝宝会把很多动作都试一遍，然后发展到不同的物体采用相应不同的动作，如车子推一推、按钮按一按、把手转一转。这些活动从出生到2岁这个阶段会很突出，之后也会有。

也就是说，探索永远是游戏的第一步。其实我们成人也是如此，拿到新手机第一件事是各个按键反复试，看看新手机怎么打电话、拍照、发信息，这其实就是探索，只不过成人生活经验多，探索时间短，也没那么好奇，基本功能会了之后就不琢磨了。

等过了好奇探索这个阶段，宝宝就会摸索到画画材料的典型用法，还可能发明出特别的用法，所以不必一开始就要求他们娴熟使用。

假想你是宝宝，当你第一次拿到油画棒时，好新鲜啊，这个居然能掰断！水彩笔掰不断，勺子掰不断，玉米掰不断，可是这个油画棒给一点力就断了，来来来，再掰几根，都能掰断！满满成就感写在小脸上！在宝宝的小脑袋里，压根儿没有浪费这个念头，他们也绝不是故意想惹大人生气，只是掰断油画棒的手感太好，就想多来几次。

可是大人发愁了，好端端的一盒油画棒就这么被“糟蹋”了！

有两个办法可以解决这个问题。

- 给他能掰的其他东西，比如意大利面条、面包棒、细的枯树枝，让他体验这个动作需要的力度以及带来的乐趣。
- 家里的油画棒继续用着，断了也还可以用的哟。其他地方比如幼儿园不接受小朋友把油画棒掰断，那可以跟孩子说学校和家里的不同，让孩子逐渐意识到集体生活与家庭生活的差异。小宝宝自制力有限，反复提醒是必要的。

只要不影响他人，不特别浪费，无须制止孩子玩画画材料。因为只有在探索把玩中孩子才会熟悉各种笔的特性、用法，才会在后续的绘画中自己选择合适的材料。还因为好奇心很宝贵，不要去压制。

问题3　画几笔就跑开

网友A：我儿子也是对画画没有兴趣，家人偶尔在他面前画画，他自己画上几笔就跑开了。动手能力不太强。（3岁1个月）

网友B：刚开始怎么培养孩子画画的兴趣啊？我家宝宝貌似对画画的兴趣不大，每次画几笔就走了，很郁闷！（3岁4个月）

云妈答疑

一方面是因为孩子年龄小，专注时间短；另一方面，我们要认识到，虽然画画对于孩子的精细动作发展，观察力和想象力的培养，艺术表达能力的提高都非常有帮助，但它不是唯一的路径。比如，精细动作发展还可以通过建构拼搭、剥豆子、做家务来实现，培养观察力、想象力由角色扮演来帮忙。所以，如果孩子对画画真的没有兴趣，也不是天塌下来的事，毕竟条条大路通罗马嘛。

我们能做的是备好纸笔，放在孩子自己能拿到的地方，佛系一点儿的，姜太公钓鱼，你愿意画就画，不愿意也不强求；着急一点儿的，可以在孩子非常有兴趣的领域加入一点儿简单的画画元素，比如喜欢车的孩子，请他在大纸上画上车道（直线）；喜欢过家家做菜的孩子，请他画一些盘子和水果（圆弧）。用简单的元素给孩子搭个梯子，他们很可能就顺着往上攀登了。

问题4　画的素材单一

网友A：果果现在玩颜料很有兴趣涂抹，并且很快就认识了颜色。画画时水彩笔、蜡笔，还有画板都尝试过，开始感觉他挺有兴趣涂鸦，但时间久了感觉没有多少发展，提笔就画蛇，似乎没有更多素材出现，难得有些其他元素。也会有让大人画的情况，老人应该会纠正示范，我们有时也会给他画些，这些行为会激发他多画些，但总体感觉他兴趣寥寥，每次画画时间不长，笔下的素材也单一。（3岁3个月）

云妈答疑

对于小画家们来说，画画是他们“说话”的方式之一，但是不太熟练，所以他们需要反复练习，熟悉运笔的方式、力度、路径等，这是一段时间内素材单一的主要原因。随着年龄的增长，观察力和记忆力越来越强，感兴趣的东西越来越多，进入孩子画纸的内容也会越来越丰富。

女儿2岁半时热衷画圈圈、气球、盘子、汤圆等，持续了一年半，4岁时还在画。

3岁多开始热衷画龙猫、人脸、脚等，持续了大概半年。

4岁时开始喜欢画天使，印象中来自绘本，一画就是好多张，持续了几个月，还有各样变种。

4岁半看了《冰雪奇缘》之后，雪宝、艾莎、安娜、汉斯、克里斯朵夫、驯鹿和冰冻喷泉进入画面，热情持续了两三年。

4岁9个月，自发尝试图片写生。

从我对女儿的观察来看，4岁是一个飞跃期，无论是建构、画画，还是即兴编故事、角色扮演，相比4岁之前的复杂度都有了非常大的提升。

所以，家长需要做的就是多给孩子输入（生活、绘本、电影、画展、旅行等），然后耐心等待他们的多样化输出。

问题5　画画什么时候开始合适

网友A：请问什么时候可以开始让宝宝画画？最早引进什么材质的纸笔合适？我们家宝宝是女孩，喜欢拿手指蘸着辅食在桌子上画圈，应该还不是有意识的画画，不过她玩得很开心。（9个月）

云妈答疑

宝宝的小手能抓握住粗粗的画笔就可以让他画画了。但是，3岁之前的涂鸦，与其称为画画，不如将这个活动视为精细动作练习。

这是很多新手父母的误区：为什么我家宝宝只会乱涂乱画？为什么只会画圈圈？为什么画出来的东西啥都不像？

我在亲子营的课程上请爸爸妈妈们现场用积木搭出金茂大厦。作为上海的地标建筑，金茂大厦大家都见过，有的还上去过。但是，包括我自己预先试做时都记不清金茂大厦具体的样子，脑子里只有一个模糊的印象，于是大家纷纷打开手机上网搜图片。下图是其中一组作业，你觉得像金茂大厦吗？

其实，金茂大厦的底层是正方形的，不是六边形。我举这个例子是想告诉大家，即使对于成人常见到的一座建筑，它在我们头脑中的表象记忆都是如此模糊，更何况是幼小的孩子。

画画和建构类似，都是对现实世界的象形表征和再创造。但是，只有对一个物体有了足够多的观察，足够细致深刻的记忆，才能把头脑中的那个形象唤醒，然后在纸上画出来，达到象形表征的程度，也就是我们常说的“画得像”。

而3岁之前，宝宝的表象记忆是模糊的、不稳固的，也因此在3岁之前画画和建构都几乎做不到稍复杂的象形表达。为什么心理学上说3岁以后才有真正意义的建构，3岁以后画画才进入表征期，都是这个道理。

那么，3岁之前画画有什么意义呢？答案是：精细动作练习＋自我表达。

1岁半左右的宝宝，涂鸦出来的都是像半圆形的弧线，此时的孩子是以肘为轴心做左右往返运动。

1岁半以后，可以画一簇簇连续的大小圆圈，此时孩子是以手腕为轴心做反复运动。

2岁半左右，会画出封闭的圆圈了，此时孩子的运动轴心已向下挪到了手指（下图是女儿2岁半左右的画）。

所以，随着年龄的增长，3岁以内宝宝涂鸦变化的实质之一是身体动作的变化。如果我们能从这个角度观察和看待孩子的绘画启蒙，心态会放松很多，也会更懂孩子。

瑞吉欧的创始人说，儿童有一百种语言，而涂鸦是孩子非常重要的一种语言，这是3岁内宝宝“画画”的意义之二。在两三岁的这个阶段，一个圆圈可以代表任何东西，我们可以借由孩子的描述去了解他的兴趣，了解他的内心世界。

总结一下绘画启蒙的几个要点。

- 备好纸笔、创造环境。纸要多样化，白纸彩纸、厚卡纸、薄打印纸、木头、布料、黑板墙都可以；笔应选择容易上色、容易清洗的，例如水彩笔、彩铅。
- 允许孩子刚接触到画画材料时是玩儿而不是画画，因为他们探索游戏先于绘画，也需要在探索中了解材料的特性。
- 谨记画画对于孩子而言是一种说话方式，是一种精细动作练习，不要以画得像不像、对不对来评判孩子的画，随着他们生活经验的丰富，这些都不会是问题。
- 当他们说自己不会画感到不自信时，最需要我们的鼓励：想怎么画都可以，每个人可以画得不一样。
- 多给孩子输入，耐心等待他们自己输出。与此同时，如果孩子不喜欢画画，要予以理解，因为每个孩子是不一样的，没有千篇一律。

第五章

陪玩六大心诀

01

要投其所好，也要暗度陈仓

孩子不同于大人，一件事情若是大人没兴趣但又必须做，比如写总结报告，他会调动意志力来帮忙，最终把这件事情完成。但小孩不一样，他们大脑尚未发育成熟，意志力弱，他们是跟着兴趣走的，有兴趣就做，没兴趣就不做。所以玩具、动画片这些针对小孩子的产品都是想尽办法去迎合他们的兴趣，用颜色、声音、触感、场景、情节等来吸引小朋友的注意力。

当我们希望孩子做一件事时，又何尝不应该这样？幼儿不会因为是父母的要求，意志力就突然变强了。

所以，陪玩心诀第一条便是“要投其所好，也要暗度陈仓”。

为什么要投其所好？

因为你若不投其所好，他的视线就挪开了，甚至直接转身走了。

为什么要暗度陈仓？

养孩子和养花、养草有些相似，又不完全相同。相似的是，都得遵从他们的天性，喜湿多浇水，喜干少浇水，喜欢拼搭多给他积木乐高，喜欢演戏就多陪他演，不然他们就“蔫儿”给你看。不同的是，花草不能思考，而孩子能，未来需要他们来创造。所以，我们不免希望他们不仅有强健的体魄，也希望他们有健全的人格，以及多方位思考的能力。于是，便有了“教育”“培养”“养育”这些词，其含义不仅包括顺应孩子的兴趣爱好让他们茁壮成长，也包括帮助孩子在其他方面获得相对均衡的发展。而当孩子在某些重要方向上兴趣不明显时，就需要暗度陈仓了。

简而言之，投其所好一方面是发展兴趣，另一方面是为了暗度陈仓，而暗度陈仓是为了优势发展的同时做一下均衡。这个均衡是指大方向上的均衡，即身体发育、认知、情绪与社会化这个“铁三角”之间的均衡发展。

比如，有的孩子特别喜欢建构，乐高积木能玩两小时，这很好，因为建构对空间感、想象力、精细动作的发展都很有帮助。但是，建构活动中如果孩子只喜欢独自玩而很少参与社交，也不喜欢玩社交方面的游戏，那么就要想办法均衡一下。具体做法可以是在建构中加入场景搭建（投其所好），放入角色和情节，然后亲子之间或小伙伴之间玩角色扮演（暗度陈仓）。反之亦然，有的孩子特别喜欢玩角色扮演，但是建构材料碰碰就走开，那么也是同样的思路，以孩子感兴趣的东西作为切入口，加入暂时不感兴趣又比较需要的发展。

父母们常问到一个问题：如何引导孩子均衡发展呢？
“要投其所好，也要暗度陈仓”就是引导的核心思路。

这里用三个例子来帮助大家理解。

案例一　由过家家到搭积木

女儿很喜欢娃娃和各种餐具，2岁左右就开始每天带着她的小熊妹妹和小熊哥哥一大家子过家家，炒菜、吃饭、睡觉、洗头，玩得不亦乐乎。对她来说，这是完全不需要引导的游戏。

她对积木搭建的兴趣就没这么大，最初的新鲜感过去之后就不怎么碰了。有一天，我抱着试试看的心态，把她最喜欢的小熊妹妹引入积木中，说："小熊妹妹要睡觉啦，来，到床上睡吧！"说是床，其实很简单，就是她把三块积木并排拼在一起。

我觉得她当时的能力应该强于此，于是我故意模拟小熊妹妹翻身，说："咕咚！掉下来啦！"然后让小熊妹妹躺在地上，问她："该怎么办呢？"没想到她马上找来积木拓宽，又在四面加上了栏杆！反应速度超过我的预期。

这之后，女儿玩积木搭建总是与小熊妹妹一家的睡睡吃吃有关，每次都兴趣十足！渐渐地，女儿不需要我主动把小熊妹妹带进来，她自己会去拿；不需要我提示小熊妹妹翻身会掉下床，她自己会一边加上栏杆一边嘀咕着"咕咚！掉下来啦"；不需要我每次示范给凳子加个靠背，她学会了自己加上；不需要我示范，她自己就可以搭出简易船、沙发、滑梯。

我从之前的游戏引导角色，渐渐转入玩伴或者只是坐在一旁观察交流的角色，而女儿玩积木的专注时间也越来越长，越来越享受。

在此过程中我“投其所好”的道具是她喜欢的小熊妹妹，“暗度陈仓”的关键一步是请她为小熊妹妹安排睡觉的地方。

案例二　由躲猫猫到认知游戏

在我的公众号里收到粉丝留言：

“宝宝23个月，像今天安排这两种活动（原图忘记存了，我根据印象做了下图），基本一起玩10分钟就厌倦了。玩小熊，我本想教她数1～5，让她摆，她就乱来，认识大小也一样；后来是我让她猜猜小熊藏在左手里还是右手里，兴趣才多一些。如果概括起来，我觉得让我给她读绘本，玩些互动性较强的游戏，她更感兴趣。但在游戏中怎么引入呢？例如颜色，我从1.5岁开始教，到现在都不见效果。”

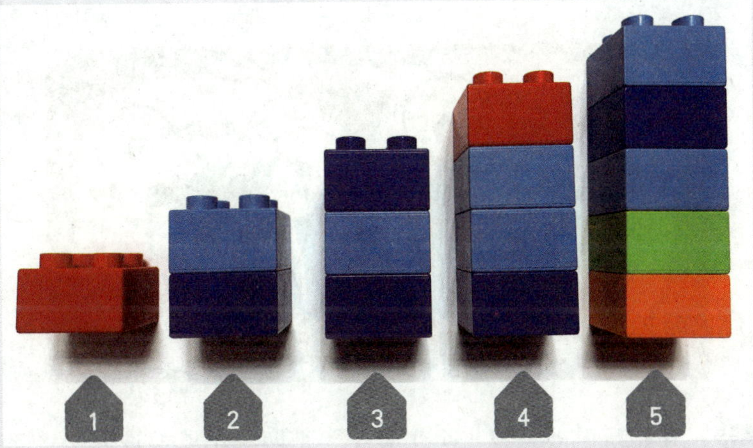

妈妈观察到宝宝感兴趣的活动有：猜猜小熊在左手还是右手的游戏，读绘本时互动性较强的游戏。这两个活动的共同特点是：互动、游戏、有趣。其实这些也是学龄前宝宝普遍喜欢的活动形式。

对于23个月的宝宝，要求他认知颜色、数量，有点超出这个年龄的普遍能力，3岁时要求也不迟。另外，适龄时如果要引导孩子，也尽量不以这种形式引导，宝宝能接受的方式是在他喜欢的活动形式里加入认知元素，比如案例中的妈妈提到她想教宝宝颜色、大小、数量等，家长可以试试下面的形式。

第1步，妈妈招呼宝宝："宝贝，我们又来玩小熊躲猫猫咯！"宝宝乐呵呵来了，因为他喜欢玩小熊藏妈妈手里的游戏。

第2步，妈妈拿出事先画好的两只小熊的脸部轮廓和三五支水彩笔（不宜过多，避免分散宝宝的注意力），问宝宝："你想把小熊变成什么颜色？"宝宝可能会对颜色命名，也许不能命名，若不能，他拿起哪个颜色的水彩笔，你可以在旁边说："哦，你想把小熊变成×色呀！"通过这种方式帮他在色彩与命名之间建立对应关系。这里引导的内容包括颜色认知、小肌肉发展、自主意识培养、语言表达能力培养。

第3步，你和他一起涂色（不必要求她涂色不出边，两三岁宝宝还做不到），并交流各自使用哪种颜色（假设你们现在涂了一个黄色小熊，一个绿色小熊）。这里引导的内容包括颜色认知、小肌肉发展、语言表达能力培养。

第4步，开始玩游戏。找一个小袋子，把两只小熊放进去，拎起来抖几下，再配上温妮女巫的咒语"阿布拉卡达不拉"，然后神秘地从袋子里摸出来一个藏在手心，请宝宝猜是什么颜色。这里融入了角色表演，并且具有幽默感。

第5步，猜对了两个人拥抱两下，猜错了拥抱一下。这里包括数量认知、亲子联结等内容。

第6步，请宝宝来藏，妈妈来猜。这里包括宝宝的掌控感、颜色认知、数量认知。

如此反复交换角色来玩，直到两个人笑够了、抱够了再停止游戏。

可能有的家长已经留意到，游戏中我不仅设计了妈妈最初的认知目标颜色，还加入了其他元素：自主意识、掌控感、亲子联结、小肌肉发展、角色扮演、幽默感。这不仅对宝宝的情绪社交发展很有帮助，也是保证游戏能顺利进行下去的润滑剂。如果没有这些，认知活动会是干巴巴的，宝宝很快就不买账了。

上面这个游戏只是一个示例，玩几次之后宝宝的热度可能就下降了。不要紧，掌握其中精髓，自己换花样。比如，小朋友普遍喜欢玩角色游戏，区别是女孩子更喜欢玩过家家，男孩子更喜欢玩开赛车。因此对于女孩，家长可以和孩子一起布置场景，过程中请她拿个红色枕头、绿色桌布；对于男孩，家长可以请他拿三辆小赛车、两辆大卡车，这样颜色、数量、大小等方面的认知内容就都有了。

案例三　从吃东西到聊天谈心

为了和两个孩子建立起温暖有效的沟通渠道，特别是青春期的儿子，我和先生决定每周开一次家庭会议。但是，我们想开不代表就能开起来，因为家庭会议给人的印象总有些严肃刻板，孩子未必愿意参加。果然，儿子表示不想参加。

先生说："我们去买点儿好吃的零食，他们一定乐意参加。"

嗯，拿吃来"收买"，真的立马见效了！投其所好做到这个份儿上，也算是很尽力了。于是，我们的家庭会议逐渐演变成了茶话会。

为了尊重孩子们的口味喜好，每周茶话会之前买吃的都会带他们一起，各自挑选自己喜欢吃的，暖场环节戏份做得足足的，正式开会时就更容易进入状态。

有了吃的，人肯定能到齐。但要想有质量且持续地开会，光有吃是不够的。至关重要的是平等。不能开成一言堂、训话会、瞎聊天，而是要彼此平等地交流，才能长长久久。

我们通常的流程是，每人说15分钟，儿子、女儿、老公和我，大家时间都一样长。这15分钟自己先说10分钟左右，然后留一点儿时间给大家提问讨论。这里的时间比例可以根据情况调整。每个人都要说，不能只是听别人说。每个人的时间是一样的，我们大人并不能因为是父母就可以有更多的时间。这是我们能在家庭内实现的平等话语权。

我们每周讨论的内容从阅读分享渐渐转变为分享自己想告诉大家的事情，比如开心的、搞笑的、有成就感的、值得思考的事情，读过的书，身边的事，都可以分享。

有一周我们讨论的主题是：你从身边的人身上学习到了什么？

女儿说："我们班A上课举手很多，B写字很工整，C喝水很多，而且每次回教室都很及时……"

儿子说："妹妹很有想法，很会表达；爸爸脸皮厚，不要那么好面子；妈妈做事认真，想到什么就去做，执行力强。同学A对每个同学都特别好，不过我的观点有些差异，可以学习一部分；同学B让我学习如何做朋友，如何快乐相处；同学C的情绪管理、自我管理很好；朋友D乐观、不焦虑、不抱怨……"

这一期的茶话会让我特别感动。

在我们的成长历程中，最常见的是"不断帮你找弱点、帮你改进"式的表达，少有"由衷地欣赏你"式的鼓励，也不推崇情绪、情感上的坦诚沟通，所以影视作品里常有弥留之际才能听到亲人肺腑之言的场景。

没想到我现在就能听到十几岁儿子对我们的欣赏，能看到孩子们可以向身边的人学习、汲取力量，我内心涌动着满满的幸福感，向他们表达我的感动与感谢。这些都已成为我们记忆中的温暖画面。

在经过半年多的茶话会之后，变化最大的要数青春期的儿子。青春期正是自我意识超级强的阶段，有时候感觉很难沟通，茶话会就是我们之间沟通的润滑剂，每周定期的情感互动，让我们彼此之间的情感一点点发生微妙的变化，从量变到质变。

其实每个人互相之间都会发生变化，兄妹之间、夫妻之间，都是如此。

从我们每周的交谈中，我们收获的不只是亲情，还有对生活的热爱，以及如何去热爱生活；对家人的尊重和爱护，以及如何去彼此尊重，如何去爱护对方；对世界的看法，以及如何对待他人的不同看法。

我梦想着未来他们成家后也会有这样的茶话会传统，延续心与心的交流。

02

爹妈不“丑”，宝宝不爱

下面这两张全家福，你更希望做其中哪个小孩？

我曾经问过参加我亲子营里的爸爸妈妈们，更多人选择了做鬼脸这个。

为什么是这样？

因为做鬼脸的爸妈更有趣，因为做鬼脸的爸妈更“丑”。就像舞台上装扮古怪、动作夸张的小丑深受孩子们喜爱的道理一样，“丑”一点儿的爸爸妈妈也更容易得到孩子们的喜欢。不仅因为这样搞笑，更重要的是，“丑”让孩子放松下来：原来爸爸妈妈不总是那么正确无误、高不可攀，也会“丑”、狼狈、难堪、不知所措。

当孩子和一个人在一起时，心情是放松而不是紧张的，他就会喜欢这个人。当他喜欢这个人，这个人说的话他就会更愿意听。上学的时候，我曾因为喜欢一个老师而喜欢她教的学科，也曾因为不喜欢一个老师而不喜欢她教的这门课，后来和朋友们交流，很多人都有过这样的经历。我身边的一位资深老师，她给其他老师传授的第一个经验就是：让学生喜欢你。

这就是现在常说的关系先于教育，良好的关系是教育的基础。

除了能拉近亲子关系，爹妈敢于“丑”一点儿还能培养孩子的抗压能力，并且会让孩子变得乐观、幽默。每个人的生活有高兴、荣耀的时刻，也免不了有难过、难堪的低潮瞬间。如果有父母的扮“丑”示范，孩子会更容易习得一些自嘲的方法，用乐观幽默来对抗压力，而不是深陷其中难以自拔。

那如何扮“丑”呢？

第二章提到的假装游戏即是最佳选择。在和孩子搭戏的过程中，通常他们会分配比较弱小、丑、难处理的角色给你，比如让你哭，让你尿湿裤子，让你迟到，让你吃不到冰激凌，等等，然后一脸期待看你怎么演出来。

这个时候你可不要嫌弃角色，这是绝佳的拉近亲子关系的机会，也是绝佳的教育时机，要珍惜！

不由得又想起女儿3岁时每次我出门她都会来一句“我也要去”。有一次，我灵机一动，把我们平时玩的假装游戏搬出来，我一秒入戏变成了她。

“妈妈，我也要去！”我蹲下来，抬起头用祈求的眼神望着她。

“你不能去。”她秒变妈妈，沉着中带着一丝笑意。

“呜呜呜……我要去！”我认真地哭了起来。

“那好吧，我们走吧！”小妈妈温柔地抱起我。

然后她就松手放走了我，情绪还挺好。这之后我们之间就像是有了沟通密码，她也有了情绪调控密码，基本不会因此而失控。

有一段时间女儿特别迷恋《冰雪奇缘》，电影看了五六遍，配套的故事书翻了几十遍快翻烂了。故事高潮的一幕是安娜为了保护姐姐艾莎舍身挡住汉斯的剑，她特别着迷这一段，看了又看，让我们配合一起演。刚开始我加入，后来她爸爸也加入，爸爸演坏蛋汉斯，她演安娜，我演艾莎。最初很生涩，不太入戏，经过二三十次的演练后我们大人终于放下了矫情的害羞，越来越放松自如，演完我们仨爆笑在一起。由这次演出，她爸爸后来开始主动和她搭戏，《丁丁历险记》里的场景也拿来演，留下很多快乐，当然也留下很多“丑”形象，这些都变成了我们之间的亲情密码。

03

君子动口不动手

常有妈妈问："怎么陪孩子玩？怎么陪孩子画画？怎么引导？怎么把握指导的分寸？宝宝总说'妈妈你来'该怎么办？"

女儿3岁时，为了让她爱上积木，我用她喜欢的小熊妹妹玩偶投其所好并暗度陈仓了一下（详见第三章第四节和本章第一节），之后她渐渐能独立玩了，我也就从玩伴角色退下。

4岁时，女儿需要我陪玩的时候越来越少，不过我还是会尽量坐在她的附近，看书或是做别的事情。因为她偶尔会来找我帮忙，若我就在她视线范围内，这会让她安心很多。

那么文章开篇的问题来了：当孩子找我们帮忙的时候，帮还是不帮？如果帮，如何把握帮的分寸呢？

我建议的原则是：君子动口不动手。下面用女儿4岁多时磁力片搭建这个案例来详细解说。

情境一　饶有兴趣地开始，却遇到了困难

某个周末的上午，我坐在沙发上看书，女儿在一旁的游戏区自己翻出磁力片玩了起来。一会儿她跑过来找我，带着一点儿挫败情绪：

“妈妈，这个东西我怎么拼不出来？”（指了指图册上最顶端的东西）

我看了一下图册，再看了一下她拼的，说：

“你数一下图上这里有几片？”

“1，2，3，4，5，5片！”

“你拼的呢？”

“1，2，3，4，5，6，6片！噢，我知道了！”

然后她拼出了这个五角飞碟。

“君子动口不动手”的操作秘诀之一是：用问题来启发孩子思考，把思考发现的机会留给孩子。

当孩子主动寻求帮助时，就算你内心里有千万个“你怎么这都看不出来”“你怎么这都不知道”的念头，也请守口如瓶，不到万不得已不说，用孩子能回答的问题来激发他的观察和思考，把发现的机会留给孩子。

因为这些都是促进孩子大脑构建的精华瞬间，收获的是孩子独立解决问题的能力。反之，如果你说了，孩子不经思考就能得到答案，他可能特崇拜你，但同时也会形成依赖心理，每次玩都希望大人陪在身边。

情境二　再次遇到困难，想放弃

渡过了第一道难关，女儿继续她的工程，可没过多久又来找我：

“妈妈，我想搭别的了，不想搭这个了。”

我应了一声，继续看我的书。之前我用余光扫到她在尝试搭五角飞碟下类似斜屋顶的东西，我猜她是这里又遇到难关了，因为搭不出，所以选择放弃。于是，我尝试着用语言帮她渡过难关：

“宝贝，你是不是这个地方有点儿不会搭？”我指着图册上五角飞碟下的斜屋顶问道。

“嗯。”

“你看看这个斜屋顶的前面有几片三角？”

“3片。”

“加上侧面呢？”

“1，2，3，4，5，5片！”

“我们看不到的背后是不是还有？”

“对。”

“有几片呢？”

“3片。”女儿回答得干脆准确，让我略感意外。

“好的，那这个斜屋顶一共有多少片？”

“1，2，3，4，5，6，7，8，一共有8片！”在数的过程中女儿对看不到的3片也毫不含糊。

“好，那你找出8片三角，开始拼吧！”

她找出了8片，开始凑形状，因为她是从上往下搭的，底下没有支撑，这8个三角非常难稳定住，我说：

“你看，这图册上的斜屋顶下面是有东西的。”

“是的，四方的，我会搭这个！”

说完，她马上去搭了一个，我帮她扶了一下，小立方体和斜屋顶磕磕绊绊地对接上了，那斜屋顶也终于稳定了。接下来又从上往下盖了2楼、1楼，左边的桥塔完工！

“君子动口不动手”的操作秘诀之二：由浅入深，探测孩子的能力范围，然后用语言给孩子搭个“脚手架”，让他自己爬上去，而不是直接把孩子抱上去（上手直接示范）。

“我想玩别的”，这是一个重要信号，要么是孩子累了、不感兴趣了，要么是遇到困难想放弃。此时，想要给孩子搭个“脚手架”，让孩子在“最近发展区”里往上跳一跳的爸爸妈妈，机会来了！但是请一定要管住自己的手，别上手替孩子做！另外，家长不要一上来就批评：“你怎么这么不专心！”“你怎么这都不会！”这样会让孩子很有挫败感。

这里我给女儿搭出的“脚手架”是提醒她思考图片中看不到的那一面，从平面到立体的转换，这对4岁多的小朋友来说有难度。从她的反应来看，经过提示，她想到了看不到的那一面是什么样子。如果你在陪玩的时候，发现孩子跟不上，那么说明这些超出了她目前能理解的范围，可以和孩子商量，换一个简单一点儿的玩。

情境三 做到一半，想让妈妈来接替

看着已拼出的作品，闺女喜滋滋、兴冲冲地准备装上绳索，可是桥塔还只有一边，没法连啊！她有点儿泄气，可还是想做完，只好开始搭另一边。这回有经验了，从下往上搭，结构就稳定多了，可是才搭到第2层楼，就不想搭了：

“妈妈你来搭这一半吧，我不想搭了。”

我内心纠结了一秒，前面的拼搭她确实努力了很久，现在估计有点儿累了，但我还是想试着鼓励她自己完成，那样成就感会大很多。

“哇！你一会儿就搭了快2层楼呢！加油，这一边肯定比刚刚那一边要快，因为你搭过一遍，比之前熟悉了，对不对？”

小朋友瞬间被“洗脑”，继续开工！再次搭到斜屋顶的时候，发现确实比之前从上往下搭的方式容易多了，更增强了信心。看着自己的作品，她脸上写满了成就感，乐得声音都变调了！

“君子动口不动手”的操作秘诀之三：由谁来思考和实现，成就感就归属于谁。鼓励孩子坚持下来，要真实而具体地去欣赏、鼓励。

“妈妈你来……”，这又是一个重要信号，和“我想玩别的……”的信号差不多：累了、倦了、想放弃了、不自信了。在观察的基础上，用真实的信息给孩子正面鼓励。孩子感受到被欣赏、被鼓励，就容易坚持下去。坚持不懈的品质，也是从点滴培养起来的。

04

“输得起”会传染

很多家长担心孩子输不起，比如，玩游戏只能赢，输了就大哭。家长们希望能培养孩子的抗压、抗挫能力。

也许正是这个原因，有不止一位妈妈跟我提到，孩子和爸爸玩竞争类游戏的时候，爸爸特别认真，认为比赛就得按实力来，孩子比不过就是比不过，不能总是让着孩子。结果通常是爸爸大胜，孩子大哭。

用这个办法来培养孩子的抗挫能力靠谱吗？

请回想一下第一章我讲过的内容：儿童不是缩小版的成人，所以凡事要先看年龄，看孩子在这个年龄阶段的普遍能力。这也是我希望本书能带给大家的重要观点，在面对孩子的某种表现时，首先不是有错推断，而是先去查看且观察同龄孩子的共同特点再做判断。如果孩子在7岁以下，那么只能赢不能输于他们是正常行为表现，因为他们出生就带着的“自我中心”尚未完全消退（有些成人还输不起呢）。下面是从我的微博上摘录的几位网友的留言（他们的孩子都三四岁），从这些留言可以看出孩子的表现基本都是这样：

网友A：昨天玩记忆牌，儿子哭得稀里哗啦，看来还是我太急了，还是得先悠着点。（3岁7个月）

网友B：我家宝宝任何竞技游戏如果输了就耍赖，就连比赛跑步都不能超过她，只能接受大家一起到达终点。（4岁）

网友C：我老公跑得比他快，宝宝很生气。但我老公就觉得，他当然比孩子快，这有问题吗？（4岁8个月）

网友D：上周我们玩飞行棋，宝宝输了哭得稀里哗啦。（4岁11个月）

所以对于7岁以下的孩子，家长首先要做的是不给孩子贴标签，认为他们输不起。这是他们的年龄特征，不是他们的个性。相应地，对这个年龄的孩子，不考虑实力悬殊，完全真实地竞争，对孩子是不公平的。培养孩子的抗挫能力固然重要，但自信心的培养也很重要。

那么如何在规则游戏中既培养自信又培养抗挫能力呢？

第一条，循序渐进地真实化。比如玩飞行棋这个很简单的规则游戏，孩子4岁时，即使你要赢了也要想办法让他赢；孩子5岁时，你可以偶尔赢一两次，并观察他输了之后的表现；孩子六七岁时基本可以不用故意输给他了。

第二条，示范“输得起”。输了以后我们怎么表现，孩子会看在眼里记在心上，日后当他也输了的时候就有了模仿的范本。女儿上幼儿园后有段时间喜欢和我比吃饭快慢，总想当第一名，我自然就是第二名。“第二名也很好啊，”我由衷地说，“第一名做得很好，但是不代表第一名是唯一做得好的，第二名也做得很好。”

我在家里有个外号叫“糊涂妈妈”，忘记事情、做错事情的时候我就自嘲为“糊涂妈妈”。父母永远正确无误，对孩子来说是一种无形的压力，因为孩子都希望自己让父母满意，永远正确、高大的父母则会让他们觉得自己很难让父母满意。

当我们在孩子面前坦承自己也会失败、犯错、不完美，孩子首先感受到的是父母也是真实的人，这种真实感将拉近父母与孩子的距离。与此同时，如果孩子能看到父母从挫折中站起来，并努力去做得更好，对孩子将是一个很好的示范。这种示范不是说教，而是他们能看得到的行动。

05

赤手空拳也是玩具

总有些时候我们不知道该如何打发大片空白时间。比如，手边所有玩具都不讨孩子欢心，或者是身边没有玩具。此时请记住，赤手空拳也是玩具！而且这种游戏的互动性、随机性比较高，玩起来很欢乐，能给亲子时光大大加分。

专注反应类游戏

倒着说

玩法：

爸爸妈妈说：12345

宝宝说：54321

爸爸妈妈说：我爱你

宝宝说：你爱我

爸爸妈妈说：我是笨蛋

宝宝说：笨蛋是我。哦，不对，蛋笨是我！

适龄：3岁+，根据年龄调整难度。

适合场景：允许说话的地方。

注意事项：和宝宝交换着出题，爸爸妈妈答不上来的时候孩子似乎更开心。

复制节拍

玩法：

爸爸妈妈拍手（跺脚）：拍～～拍～～拍～拍～拍～～拍～～拍～～拍～拍～拍～～

宝宝跟着做。

这节拍，如果用积木摆出来是不是这样（如下图）？

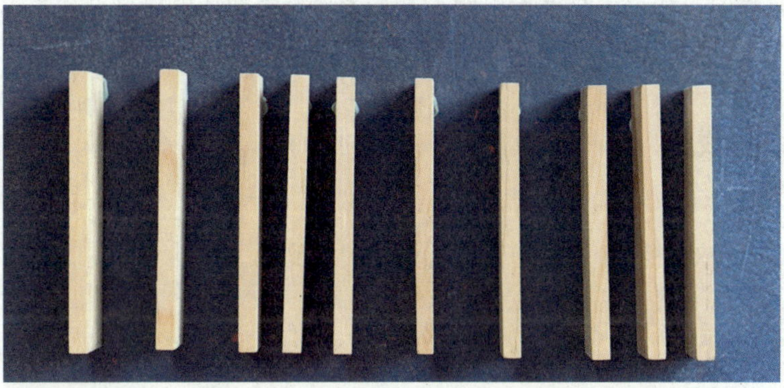

这就是数学上的pattern规律，所以“音乐和数学是相通的”这句话就很好理解了。

在玩耍中学习，就是这样有趣又简单！

适龄：2岁+，根据年龄调整难度。

适合场景：允许发出声音的地方。

注意事项：和宝宝交换着出题，爸爸妈妈答不上来的时候孩子似乎更开心。

相反反应

玩法：

爸爸妈妈说：快快拍手（跺脚）

宝宝的正确反应是：慢慢拍手（跺脚）

爸爸妈妈说：慢慢拍手（跺脚）

宝宝的正确反应是：快快拍手（跺脚）

爸爸妈妈说：伸出左手（脚）

宝宝的正确反应是：伸出右手（脚）

爸爸妈妈说：伸出右手（脚）

宝宝的正确反应是：伸出左手（脚）

适龄：3岁+，根据年龄调整难度。

适合场景：允许发出声音、有施展空间的地方。

注意事项：和宝宝交换着出题，娃最爱看爸爸妈妈的窘样儿。

全身都是戏

这几个游戏是我参加学前戏剧工作坊时学到的。

镜子游戏

玩法：

妈妈和宝宝面对面，对妈妈而言，对面的宝宝就是镜子里的自己，对宝宝而言，对面的妈妈就是镜子里的自己。

两人的动作要尽量同步，且是镜像的。

没有谁占据主导位置，不是谁一直跟着谁做动作。例如，刚开始妈妈比宝宝早0.1秒抬起手擦镜子，那么宝宝跟着做，中途宝宝若想做另一个动作，只需要比妈妈稍稍早一点儿做出这个动作，妈妈就跟着做了。所以，双方需要一直专心看对方的动作。

适龄：3岁+，根据年龄调整难度。

适合场景：任何地方。

注意事项：要提防有人围观并爆笑。

装行李

玩法：

假装要出去旅行，你们需要收拾行李。

每个人轮流往行李箱里放行李（是假装，其实手里空无一物）。

每个人放的时候，嘴上说你正在放什么，然后用肢体动作把这件物品表演出来，比如梳子，就假装做梳头发的动作。

适龄：1.5岁+，根据年龄调整难度。

适合场景：允许发出声音的地方。

注意事项：把生活中宝宝熟悉的物品留给宝宝来表演。

动物扮演

玩法：

每个人轮流说一种动物，然后用肢体动作把它扮演出来。

可以每人单独扮演，也可以两个人合作扮演，比如两个人合作扮演兔子，一人充当头和耳朵，一人充当屁股和尾巴。

适龄：2岁+，根据年龄调整难度。

适合场景：允许发出声音、有施展空间的地方。

注意事项：被围观的可能性比较大。

智力类游戏

家庭成员猜猜猜

玩法：

妈妈问：咱们家四个人，你看看这个人是谁。首先，ta每天早晨总是起不来。

宝宝内心戏【排除了妈妈】

妈妈继续说：起来就喜欢喝粥。

宝宝内心戏【排除了哥哥】

妈妈继续说：ta从来不穿裙子

宝宝内心戏【排除了自己】

玩法举例

妈妈问：咱们家四个人，你看看这个人是谁。首先，ta每天早晨总是起不来。

宝宝内心戏【爸爸 ~~妈妈~~ 哥哥 我】

妈妈继续说：起来就喜欢喝粥

宝宝内心戏【爸爸 ~~妈妈~~ ~~哥哥~~ 我】

妈妈继续说：ta从来不穿裙子。

宝宝内心戏【爸爸 ~~妈妈~~ ~~哥哥~~ ~~我~~】

如果宝宝对爷爷、奶奶、外公、外婆等大家庭成员也比较熟悉，可以把猜的范围扩大。

这不仅是一个可以打发时间的游戏，还是一项增进亲情的活动。

适龄：2岁+，根据年龄调整难度。

适合场景：允许说话的地方。

注意事项：和宝宝交换着出题，爸爸妈妈答不上来的时候孩子似乎更开心。

猜同学

玩法：

宝宝说：我们班同学，她是女孩子。

妈妈内心戏【排除了所有男生】

宝宝继续说：上次F生日时她跟我一起跳舞的。

妈妈内心戏【ABCDE五个女孩入选】

宝宝继续说：她有一个妹妹。

妈妈内心戏【就是A啦】

适龄：3岁+，根据年龄调整难度。

玩法举例

宝宝问：我们班同学，她是女孩子。

妈妈内心戏 【所有女生 ~~所有男生~~】

宝宝继续说：上次F生日时她跟我一起跳舞的。

妈妈内心戏 【ABCDE ~~其他女生 所有男生~~】

宝宝继续说：她有一个妹妹。

妈妈内心戏 【A~~BCDE~~ ~~其他女生 所有男生~~】

适合场景：允许发出声音的地方。

注意事项：这个游戏还真无法提前做功课，班里小朋友那么多，想要记住他们的名字都很难，更别说特征！所以小朋友胜出的概率比较大。

猜无名指

玩法：

很多家长小时候一定也玩过这个游戏，就是用右手握住左手，让左手手指的指肚冒出来，请对方猜哪一个是无名指。

适龄：2岁+，根据年龄调整难度。

适合场景：允许发出声音的地方。

注意事项：和宝宝交换着出题，娃都很爱看爸爸妈妈的窘样儿。

物品扑克牌

玩法：

每次各出一个同类物品，比哪个物品个头大、个子高、味道难吃等，就相当于扑克牌比大小。例如：

水果类：宝宝出“草莓”，妈妈出“橘子”，宝宝出“苹果”，妈妈出“柚子”，宝宝出“西瓜”，妈妈……什么比西瓜大呢？想不出来，就投降吧！

特别味道类：辣椒、木耳菜、香菜、羊肉、臭豆腐等（依个人口味而定）。

建筑类：埃菲尔铁塔（324m）、金茂大厦（421m）、东方明珠（468m）、广州小蛮腰（530m）、世贸中心一号楼（541m）、深圳金融大厦（593m）、上海中心（632m）、迪拜塔（838m）等。

专门查了一下全世界十大高楼，这一条对热爱百科的小朋友比较适用。

适龄：3岁+，根据年龄调整难度。

适合场景：允许发出声音的地方。

注意事项：和宝宝交换着出题，娃都很爱看爸爸妈妈的窘样儿。

词语联想

玩法：

每人事先想一个词（不告诉对方），然后同时说出来。两人轮流用一句话或者一个故事把这两个词联系起来。

宝宝出：冰激凌。

爸爸出：爬树。

爸爸词语联想：我爬上树把杧果摘下来，然后做了一个杧果味的冰激凌！

宝宝出：裙子

爸爸出：太极

宝宝词语联想：我的拉丁舞裙子转起来就像爸爸有一本书上的太极图一样圆。

这还是一个锻炼创造力的游戏哦！因为它需要我们的发散性思维，而发散性思维是创造力的核心成分。

适龄：5岁+，根据年龄调整难度。

适合场景：允许发出声音的地方。

注意事项：建议和大班及以上的宝宝玩这个游戏。还有常见的词语接龙、故事接龙都可以玩。

06

绘本不只是看的

绘本已进入越来越多孩子的童年，这是非常好的趋势。

不过，绘本不仅能读，它还是非常好的游戏材料。

作剧本

它非常适合作为儿童的剧本，因为角色、场景、情节都以图画形式来呈现，便于孩子借形想象来玩角色扮演游戏（归属于假装游戏）。

我亲子营里的孩子们一起演过《三只小猪》《是谁嗯嗯在我头上》《不来梅城的乐队》《南瓜汤》等，几乎每一次表演孩子们都舍不得停下来。演猪老三打大灰狼；演各种动物拉便便；演驴、狗、猫、鸡一起吓唬走强盗；演小鸭子推着车去流浪，然后又回来搅汤，与朋友和好。

角色扮演是他们代入角色，理解他人的绝佳方式。

要留心的是，在家里和孩子演绘本时，不必以剧场正式演出的架势来要求自己和孩子，刚开始哪怕就只是一两句对话配上一点儿表情，就已经是很好的开端了。然后以此为基础，根据孩子的反应来慢慢增加对话长度和时间，次数多了，表演自然就越来越顺畅。

如果起初要求太高，孩子听不懂、做不到，就可能失去兴趣和自信，所以不要急于求成，应该循序渐进。

培养价值观的桥梁

我们习惯通过书本让孩子懂得一些道理，建立正确的价值观，这在本质上是行得通的。但是以我们自身的体验来说，若父母硬塞过来，我们的内心有时并不会接受，反而心生抗拒。所以，我们要用合适的方式来搭起这座桥。

第一种方式是开放式的讨论。

一部好的电影通常意味着一个好的故事，有矛盾冲突，有问题解决，在情节发展过程中暗藏着剧本想传递的价值观，比如迪士尼很多影片都是围绕爱、友谊和勇气展开剧情的。

好的绘本也是如此。例如《南瓜汤》，其主题是友谊。小鸭子、松鼠和猫一起生活在森林中一个古老的小白屋里，刚开始各有分工，其乐融融。当小鸭子想试试搅汤的工作时，矛盾冲突出现了，因为搅汤原本是松鼠的事，两个小伙伴都拼尽全力抢搅汤的勺子，结果谁也没能护住，勺子飞出去打中了猫的头，此时矛盾冲突达到最高峰，小屋子里吵成一团，这场争吵以小鸭子伤心地离开才停止。

读到这里，我们可以停下来，而不是直接读完，因为此处有很多话题值得和孩子讨论，比如：

小鸭子为什么离开？小鸭子会去哪里？

它为什么要带着一辆小车？

猫和松鼠接下来会做什么？

小鸭子会回来吗？

不过，这里虽用的是“讨论”二字，但若我们面对的是年仅四五岁的小孩子，就需用儿童能听懂的词语，以及他们喜欢的态度来和他们交谈，不可硬生生插播一条说教进来；需以开放的心态倾听孩子的想法，在互动中了解孩子的想法，也让孩子了解你的想法。

言传身教，若有场景借以讨论，言传便言之有物、感同身受了。

要进行上述讨论，我们需要提前“备课”：在给孩子读绘本之前自己先读，找出书中可以开放讨论的地方。

另外，不必每本书都是如此大张旗鼓，挑少部分书来进行讨论就可以。

第二种方式是修改故事情节和结尾。

任何一个故事都是作者生活经验和价值观的外显，除了讨论，还可以大家一起来修改故事情节。

小朋友不会写字不要紧，三四岁孩子可以选择口述，五六岁孩子还可以让他用笔画出来。大人也编一个版本，然后轮流讲出来。这样不仅能表达自己的想法，还能互相看到对方的创意，一举几得。比如，上面提到的《南瓜汤》，小鸭子离家出走以后会去哪里呢？可以顺着小朋友的想法往下编一个版本，然后再来读绘本原文。这于孩子而言是全新的阅读体验，以往书里怎么写妈妈就怎么读，现在宝宝自己也可以编故事啦！

经过多次这样的讨论之后，会给孩子留下一种印象：我也可以写故事，每个人都可以！我的想法可以和作者不一样！这个过程带给他的不仅是绘本故事本身，更有他思维的发展，比如发散性思维、批判思维等。

作识字素材

很多小朋友是通过读绘本慢慢识字的。不过，若想要帮孩子识字，读绘本的方式也是有讲究的，并非一味地读就可以了。

如果孩子对文字开始有了兴趣，或者是到了大班幼升小阶段要做一些识字准备，此时就可以在亲子共读时开始指读。（如果孩子还只有三四岁，对文字也没有表现出明显的兴趣，就不必着急指读识字。从以往的研究结果来看，5～6岁也就是我们的大班阶段，孩子普遍对文字敏感起来。）

指读，顾名思义，一边指着书上的字一边读。这看似不难，但是当你面对的是一个五岁左右的小朋友时，却还是有几个小诀窍需要掌握的。

指读过程中你要观察孩子的反应。如果孩子在试图把你指读的手推开，或者说“妈妈你不要指了”，你就应马上停下来，切换到之前的阅读方式。为什么？硬来会引发抵触心理。识字是一个长期的过程，反正也不可能一次就搞定，不如静下心来，循序渐进。

和孩子协商一个指读的比例。书与书不同，娃与娃不同，每指读一本书，你们是一页里面指读一行字，还是一段话，是需要你和孩子商量的。这个商量的过程会让孩子体会到被尊重，他会因此而更愿意遵守你们的约定。

和孩子轮流指读。指读不应该只限于大人指，让小朋友直接参与会激发他的主动性和兴趣。不过与上面第2条相通的是，孩子指读的比例要量力而行，太多了会累，导致指读执行不下去。

不要每本书都指读。阅读首先应是一件能让宝宝感到愉悦的事，要在这个基调下开展指读。指读会影响到阅读的流畅感，所以不要每本书都指读。同样的，这个指读比例都是可以和宝宝商量的事。

这不是速成之道，短期内提升识字量靠以上这些是不够的，这是一种“慢学”。但这些活动会让孩子对文字产生持久而不是短暂的兴趣，这是“慢学”的价值所在。中文比英文难学，英文是拼音文字，会了自然拼读后就可以读出来猜猜意思，中文是象形文字，你只有认识了它才能读得出来。所以在孩子能自主阅读中文之前，有好长的一段路要走。这个过程中通过这些活动让他看书的时候开始看字、对方块字产生兴趣，接下来的大量识字就会变得容易很多。

当然，读绘本不只是为了识字，所以是否采取指读的方式，要看孩子当下的年龄、对文字是否有兴趣、有没有识字的迫切需要来决定，因为读图能力也很重要。另外，亲子共读过程中形成的良好家庭氛围也非常重要。

除了指读的方式，还有一些文字游戏可以帮助识字，详见第四章第三节。

第六章

玩具选择指南

01

会说话的游戏环境

什么是游戏环境

简而言之，它是孩子的玩耍区域，那里有玩具，以及可以摆弄玩具的空间。

所以，游戏环境的两个关键要素也就一目了然：玩具、空间。

很多人习惯把玩具收拾好，然后整整齐齐地放在柜子里，有的还会要求孩子每次只能拿出一种玩具玩儿，这样家里看起来干净整洁。

仔细想想，这是我们大人的需求，不是孩子的需求，因为对孩子来说，玩具收在柜子里看不到、拿不到，就意味着他玩到的可能性降低了很多。

这说明环境会影响人的行为。

环境还影响人的认知。心理学研究发现，孩子3岁左右能区分图画和文字，自发书写的“字”虽然我们认不出来，但明显和画画不一样，小小的、没有填充，这些现象说明他们以一种内隐的方式在文字环境中“悄悄地”学习着。

环境还会影响人的兴趣，也因此有了音乐世家、书香门第这样的称谓。当然也有基因的影响，但是孩子从小在音乐、绘画、书籍，或是运动、科技的家庭环境里成长，更容易对这些产生兴趣。

所以，静态的环境布置虽然不发声，但无声胜有声，它默默地引导和影响着孩子的行为，很多时候比我们父母说话还管用。

儿童离不开游戏，因此家长要特别重视他们的游戏环境布置。家庭、幼儿园是学龄前儿童最主要的两个生活和学习环境，本书特指家庭里的游戏环境。

游戏环境的五条原则

原则一：无安全隐患

要排除一些存在安全隐患的物品，比如未与墙体固定的五斗柜、折叠椅、较高的柜子、堆积太高的玩具盒等。

3岁以下还要排除插座、小颗粒物件、尖锐的边角、细绳索等。

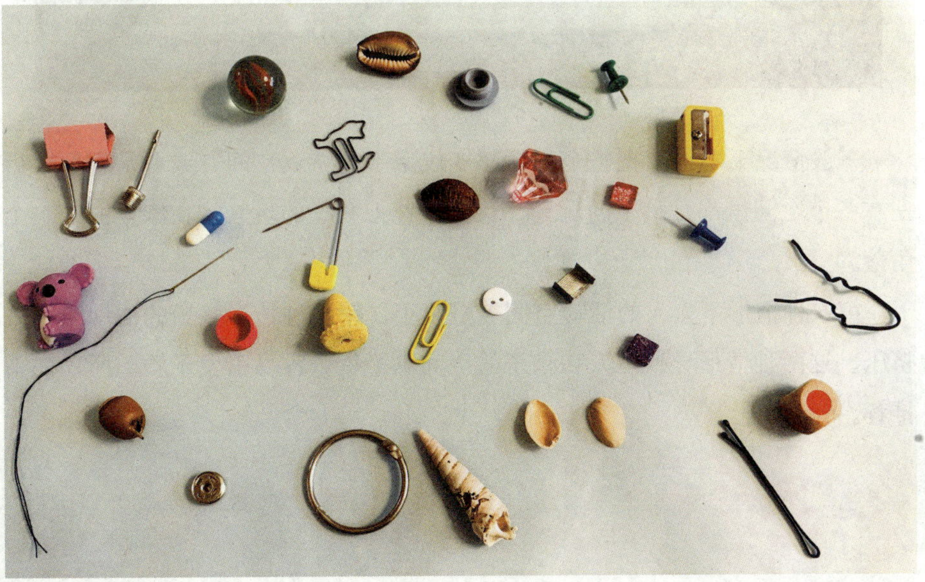

原则二：空间相对独立

这条原则的关键词是“独立”二字。

独立的一片小空间会让孩子觉得“这是我的地盘”，他会因此体会到被尊重的感觉。

从客厅里辟出一片地方给宝宝，或者是某个房间变成游戏房，都是很好的空间分区方式。

一般情况下不推荐把整个客厅都变成宝宝的游戏空间，或者是客厅前后左右各个空间里都是孩子的玩具，也不推荐把孩子的玩具挤在家里的某一个角落。

第一种情形下大人的活动空间被挤没了，第二种情形孩子的活动空间被挤压。这两种情形导致大人和孩子的空间不平衡，容易引发矛盾，所以都不推荐。

原则三：能自助取放

这条原则的关键词：自助。

它包含了三层含义。

孩子的自主性。孩子能够根据自己的喜好去拿自己想玩的玩具，达到了尊重孩子个体化差异的目的。

孩子的自理能力。孩子能自己收拾玩具，是多少爸爸妈妈的心愿！如果收纳空间规划合乎孩子的能力，这一切就是可能的。

收纳空间规划合理。在写本章内容时，我征集了30多位对游戏环境感兴趣的妈妈来讨论，在看完每一家的实景图之后，我发现一个典型误区：用玩具的包装盒来做收纳。这是首先要避免的。

把玩具收纳简单化，孩子才更有可能独立完成这件事。

那么如何简单化？

简化法则1：用统一尺寸的收纳盒，比如后文将介绍到的某品牌的透明收纳盒，盒子里放了什么一目了然，尺寸统一意味着还可以上下堆叠。

简化法则2：使用孩子自助就可以取拿的收纳柜子，比如高度适宜的搁物架，里面既可以放多种收纳盒，还可以装抽屉，满足各种个性化需求。

简化法则3：细小零散的物品使用抽屉和隔段。

简化法则4：每种玩具装在一个盒子里，每类小物件装在一个抽屉里，不混合放，这样不管是收纳，还是拿取，都变得简单很多。

原则四：适龄游戏道具品类齐全

这个原则的关键词有两个：适龄、品类。

不同年龄段适合玩的游戏种类不同，0～2岁的游戏环境和2岁以上的肯定不一样，所以适龄很重要。

0～2岁：探索游戏、关系游戏、假装游戏

2～4岁：假装游戏、建构游戏

4～6岁：假装游戏、建构游戏、规则游戏

那适龄的玩具需要都买吗？需要都摆在游戏环境里吗？

有妈妈说，玩具太多宝宝会不专注，看了这个看那个，最后都不知道玩哪个，因此要求孩子每次只能拿出来一种玩具玩。也有妈妈因此把大部分玩具收到宝宝拿不到的地方，只留很少的在外面，结果呢，宝宝郁闷了，想要的自己拿不到。

这两种做法都不推荐，因为玩具之间会有“化学反应”，平时看着没关系的物品，孩子却能把它们联系到一起，比如拿积木当菜炒，拿弯弯乐系上一根绳子当鱼钩……

如果孩子每次只能玩一种玩具，那么这种关联和联想就失去了酝酿的土壤，也丢失了激发创造力的沃土。

但是，也不能把所有玩具全部摆出来，这样玩具会占领孩子玩耍的空间。所以这其中要找到平衡，原则就是先保证品类齐全（玩具覆盖了适龄游戏所有品类），控制同一种类的游戏道具数量，避免过多或重复。

比如，建构游戏里面，2～4岁能用到的建构材料有磁力片、大颗粒乐高、积木、磁性积木、黏土、弯弯乐等，没必要每一种都放在显眼的位置，可根据当前喜好放2～3种即可。

假装游戏里有锅碗瓢盆、房子和家具、汽车和轨道、恐龙和树林等，空间不够的话不需要都摆出来，按孩子喜好来配置和摆放1～2种即可。

原则五：空间有冗余

不管是收纳盒、收纳柜，还是游戏空间，都不要太挤。太挤了拿取不方便，没有空间玩。

游戏环境样板间

俗话说："文不如表，表不如图。"肯定有人会说："云妈，你讲了一堆原则，给我们展示个样板间可好？"

为此我专门去了一趟宜家，把我近几年体验过的、新发现的好物件组合到了一起。为什么是宜家？三个原因，一是宜家有各种各样的小空间设计，能帮助我们更合理地利用家里的空间；二是它在全球很多城市有连锁店且可以网购，大家熟悉度高、获取难度低；三是这些物品价格不高，简单耐用，很适合宝宝游戏区域这个短期过渡环境，等孩子上小学了，对游戏环境的需求就没有0～6岁这么高了。

下图按实物尺寸等比例展示，整体区域约为3m × 1.5m。

这个样板间包含了搭建游戏环境的三个必要单元。

储物空间

由搁物架和储物盒构成。

搁物架可以选择设计简单的方格子造型，随心搭配，耐用、耐看又灵活。

做玩具收纳时我建议配三款储物盒。第一种是透明储物盒，用来装积木、乐高、磁力片等成套玩具。

右图是我家现任玩具收纳柜打开的样子，在定制家具时我把收纳盒尺寸给了设计师，请她按照这个尺寸来设计柜子隔断。

第二种是立方体式的大体积储物盒，用来装毛绒玩具非常好。

第三种是小抽屉，用来放玩具汽车、小马宝莉等不方便用大储物盒收纳的小物件。

上述第一种透明储物盒，从女儿一两岁时我就开始用，2岁多开始带着她一起收拾玩具，她把玩具往相应盒子里放，然后我把盒子叠起来。五六岁时她能整理整个客厅，一小时内把玩乱了的沙发垫子、玩具、储物盒全部归位放好。

选择储物盒的主要目的是更好地利用空间，降低收纳难度，降低孩子自助取放的难度，有时候不是孩子不愿意做，而是收纳难度超出他们的能力。

游戏垫

推荐大家使用类似下图中的可折叠的健身垫，前提条件是质量要有保证。

虽然常见的是那种可以卷起来的大垫子，但一个垫子差不多等于一张1.35米的床，着实太占地方。而可折叠的健身垫不仅收放自如，不占地方，还能打地铺呢！

还有很多天然的假装游戏场景地垫可选，比如道路款是我儿子小时候的心头好。

手工桌/小书桌

手工桌或小书桌是孩子做手工、画画、阅读不可缺少的辅助工具。在这里推荐5岁以下的宝宝使用高度为50cm左右的小桌子，等大一点儿再换高一些的桌子。学龄前的桌子不用太贵重的，因为探索期的宝宝一定会在桌子上涂涂画画甚至拿笔头戳戳，塑料材质的就可以了，坏了也不心疼。还可以在小桌子旁边配一个小推车，放画笔、桌布等物品，非常方便。而且小推车还可以临时改装为商店游戏里的货架，一物多用。

我给儿子女儿一人买了一个小推车。画笔、铅笔、粉笔、卷笔刀等各种文具统统都可以放进推车。

02

0～6岁
常用玩具清单

第二章介绍了0～6岁游戏地图，我们从中了解到认知角度有五种游戏，社会化角度有六种游戏。

本节将从认知角度的五种游戏出发，列举0～6岁的常用玩具清单。

0～2岁

宝宝在2岁前以探索游戏、关系游戏为主，这个年龄段的玩具配置围绕感官刺激、动作探索来展开。在后期会出现假装游戏。

0～2岁常用玩具清单

感官刺激&假装游戏		动作探索	
五感启蒙（视/听/触/嗅/味）	黑白&彩色卡片/布书/纸板书/各种适龄玩具/胡萝卜铃铛/拨浪鼓/自制摇铃	精细动作	摇、扔、捅、推、拉、敲、翻、转等，例如摇铃、软球、硬球、有洞的鞋盒、带绳子的木质玩具车、塑料勺子、塑料碗、头可以转动的玩具狗、木立方等
		大动作	爬：纸箱隧道、圆隧道、沙发枕做的人造迷宫等
假装游戏	锅碗瓢盆 娃娃/奶瓶	大动作	滑：滑梯、大纸箱、折叠起来的游戏垫等

2～4岁

2岁已有假装游戏，建构游戏也开始萌芽，这个年龄段的玩具配置围绕这两类游戏展开。

2～4岁常用玩具清单

假装游戏		建构游戏	
厨房玩具	仿真的锅碗瓢盆、灶台、蔬菜水果、鱼肉蛋等	磁力片	含正方形、三角形、半圆形、五边形、六边形、小人偶等多种形状和颜色
娃娃屋和人偶	人偶、仿真小家具、房屋等	积木	木质大积木、木质小积木、特殊材料的轻积木、家里各种盒子
停车场和汽车	轨道、停车场、交通灯、加油站、玩具汽车、玩具火车等	大颗粒乐高	基础套装、场景套装
恐龙	恐龙园、恐龙、恐龙食物等	超轻黏土	颜色12色以内，优选便携装，旅行中也很好用

4～6岁

4岁开始，建构表征能力显著增强，假装游戏也逐渐进入发展顶峰，规则游戏开始能玩了。这个年龄段的玩具配置围绕这三类游戏展开。

4～6岁常用玩具清单

假装游戏		建构游戏		规则游戏	
厨房玩具	仿真的锅碗瓢盆、灶台、蔬菜水果、鱼肉蛋等	乐高	大颗粒乐高、小颗粒乐高	记忆牌	图案卡片的两两配对
娃娃屋和人偶	人偶、仿真小家具、房屋等	积木	木质大积木、木质小积木、特殊材料的轻积木	找糖果/找袜子	在图案颜色都非常相近的一堆卡片中寻找出完全相同的两张
停车场和汽车	轨道、停车场、交通灯、加油站、玩具汽车、玩具火车等	磁力片	含正方形、三角形、半圆形、五边形、六边形、小人偶等多种形状和颜色	井字棋	低幼版的五子棋，三颗棋子连成一条线即是胜利
恐龙	恐龙园、恐龙、恐龙食物等	超轻黏土	优选便携装的，旅行中也很好用	四子棋	四颗棋子连成一条线即是胜利
		废旧材料	鞋盒、纸箱、卷纸筒、矿泉水瓶、洗发水瓶等	猜猜是什么	至少两个人玩，有很多图案卡片，看得见卡片的人要通过表演、描述等方式让看不到的人猜出来

03

最讨孩子们喜欢的
那些玩具

上一节列举的常用玩具种类较全，但是每个家庭不一定都要配齐，一方面每个孩子兴趣点不一样，另一方面也很占空间。

所以这一节就来说说那些最讨孩子们喜欢的玩具，无论是给自己的孩子买玩具，还是给亲戚朋友家的孩子送玩具，都需要考虑这个问题。当然，这些玩具不能绝对保证每个孩子都喜欢，但是成功概率较高，基本不会买错。

这里有两个维度，一个是性别，一个是年龄。

先说玩具喜好的性别差异，有天生的部分，也有后天的因素。有一次我带了很多玩具到家附近公园里给小宝宝们玩儿，观察他们喜欢什么玩具，里面有毛绒玩具，也有拼搭建构类玩具，以及仿真茶杯假装游戏类玩具。在和孩子们互动的过程中，我听到一位祖辈制止小宝宝去拿玩具，说："我们是男孩子，不玩毛绒玩具。"

毛绒玩具对孩子有安抚作用，所以小宝宝几乎都喜欢，无论男孩女孩。男孩子的阳刚之气应该通过培养他们的责任感、勇气来获取，而不是以剥夺他们寻求安抚，寻求安全感的机会为途径。

刨除外界的干预，玩具喜好也的确存在性别差异。比如，喜欢汽车和轮子的男孩居多，喜欢娃娃和过家家的女孩居多。

接下来按年龄段列举一下孩子们喜欢的玩具，不单独备注性别的条目即表示男孩女孩都适用。

0～2岁

- 手部动作探索玩具，如六面体、木立方。
- 身体动作探索玩具，如软足球。
- 仿真度高的玩具，如玩具厨房、毛绒动物。

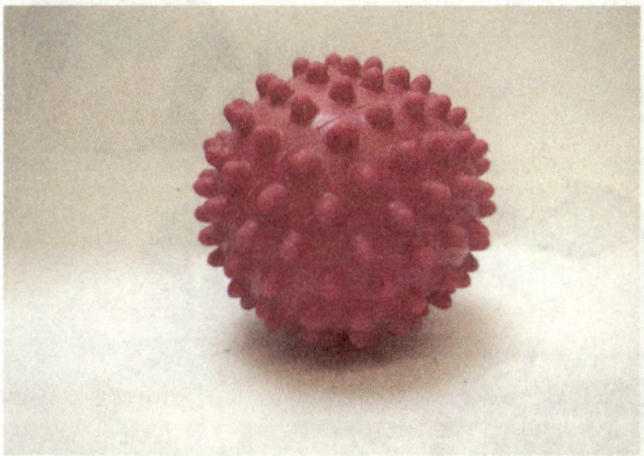

2～4岁

- 假装游戏玩具，如玩具厨房、毛绒玩具。
- 建构游戏玩具，如磁力片、黏土（橡皮泥）。

从对家长们的调查反馈来看，炒菜做饭、和毛绒玩具玩、玩磁力片、玩黏土，是2～4岁这个年龄段的孩子最喜欢的四项活动，男孩女孩的选择有一些分化，但是还不十分明显。

建构游戏玩具除了磁力片和黏土，还有积木、大颗粒乐高。可是为什么磁力片和黏土更受欢迎呢？因为磁力片所需力度小，2～4岁这个年龄就能掌控，容易获得成就感。黏土也是类似道理，它没有固定形状，可以随意搓捏。

4～6岁

- 建构游戏玩具，如乐高（男孩偏多）。
- 假装游戏玩具，如各种玩具汽车（男孩偏多）、玩具厨房（女孩偏多）、玩偶（女孩偏多）。
- 规则游戏玩具，如各种桌游。

从家长们的反馈来看，乐高、玩具汽车、玩具厨房和桌游是4～6岁这个年龄段的孩子最喜欢的四项活动，喜欢乐高和玩具汽车的孩子以男孩居多，喜欢玩具厨房的以女孩居多。

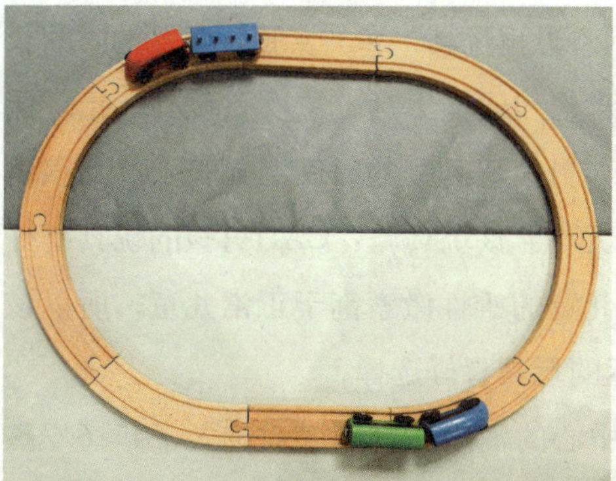

对比2～4岁年龄段，能看到孩子们玩具喜好的一些变化，其中很明显的一个变化是，4～6岁的孩子对建构游戏玩具中乐高的欢迎程度明显提高了，跃居第一。这和儿童手部精细动作、力量发展分不开，也和儿童的表征能力提升有关系。

关于玩具喜好的性别差异，心理学家们做了多项研究，研究结果基本一致：男孩倾向于建构和运输工具，女孩倾向于玩偶、玩偶的装扮以及厨房用品。请注意，这里的用词是“倾向于”。以男孩为例，男孩倾向于建构和运输工具的意思是指男孩选择这两种玩具的比例高于其他种类的玩具，并不是指没有男孩会选择玩偶、厨房玩具，也不是指男孩选择玩偶、厨房玩具就不正常。事实上，男孩也会玩做饭炒菜的游戏，女孩也会玩车、玩建构。

Berenbaum和Hines在1992年的一项研究指出，儿童在玩具喜好上的性别差异是受雄性激素影响，而不是由性别本身导致。该研究以患有先天性肾上腺皮质增生症（CAH）的3～8岁儿童作为研究对象。患CAH的儿童，雄性激素高于正常儿童。研究人员观察记录他们玩“男孩玩具”和“女孩玩具”的时间长短，其中“男孩玩具”指上文提到的建构和运输工具，“女孩玩具”指玩偶和厨房玩具。结果显示，CAH女孩玩“男孩玩具”的时间明显长于“女孩玩具”，也就是说，CAH女孩更倾向于玩“男孩玩具”；CAH男孩的玩具喜好和正常男孩没有明显差异。基于CAH儿童的雄性激素高于正常儿童，所以该研究认为是雄性激素水平在影响着儿童的玩具喜好选择。

另外，随着年龄增长，儿童自我中心的消退，规则游戏进入了4～6岁孩子的兴趣领域和能力范围，所以各种桌游、棋类也是这个年龄段孩子很喜欢的玩具。在上述玩具喜好研究中，桌游、棋类被归为中性玩具，没有明显性别差异。

04

出行玩具包

带孩子外出常常令父母筋疲力尽，甚至情绪失控。因为出门免不了舟车劳顿，车上、飞机上空间狭小，大人尚需忍耐，小孩子就更不舒服了，所以即使是平时很安静的宝宝也要比平时闹几分。因此，无论是为孩子着想，还是为大人考虑，都很有必要在出发前做好准备，以便尽量愉快地度过乘车、候机时的无聊时光。

有人说："这还不好办？把宝宝平时喜欢的玩具带上就好了。"可是小宝宝喜欢的六面体，两三岁宝宝喜欢的玩具厨房，五六岁孩子喜欢的汽车轨道，这些平时在家玩的玩具大部分都不方便携带。

所以很自然地，出行玩具两大要素就出来了：方便携带，孩子喜欢。

2岁以下的宝宝以吃睡为主，照顾好这两样最为紧要。至于玩具，选几件安全的，没有小颗粒的，可以双手抓住多样把玩儿的就行，比如暗藏各种机关的玩具狗（头可以转动、尾巴可以摆动、按一下头会出声等），以及宝宝平时就喜欢的毛绒玩具。

2岁以上的宝宝可以从下面四个思路入手，挑一样或是几样带上。

宝物袋（多种小物件+袋子）

小朋友都喜欢躲猫猫，即使是五六岁的孩子，利用这个宝物袋可以玩一个便携版的躲猫猫游戏。收集家里的小物件，比如钥匙扣、小汽车、小猫、小狗、小马宝莉、小绒球、小木球、乒乓球、大纽扣、小纽扣、木纽扣、废弃的钥匙和锁等。这些小物品每件都能单独玩好一阵子，等把玩够了，放到袋子里，袋口收紧，然后和宝宝玩“按名取物”的游戏。

具体玩法举例：妈妈说一个物品名字，比如小马宝莉，由宝宝把小马宝莉从袋子里摸出来；然后交换角色，宝宝说一个物品名字，比如小纽扣，由妈妈从袋子里摸出来。这个游戏既好玩，又能锻炼孩子的触觉和感知能力。另外，还可以把宝物袋里的东西摆出来玩角色游戏，一物多用，可以打发很多时间，不愧为宝物袋。

绘画包（纸+笔）

我们在美国旅行时，每次带孩子去餐馆，几乎都会收到服务员送给小朋友的一套蜡笔和涂色纸。国内也有越来越多的餐厅提供这样的服务。

这个细节透露出一个带娃技能：出门随身携带纸和笔。

这应该是最容易准备的材料了，纸和笔每家都有。优选彩色铅笔、彩色纸，没有的话普通铅笔、圆珠笔和小本子也行。玩法也很多，画画、涂色、做手工，都可以。只要家长不要求孩子必须画什么、必须画成什么样，孩子是很乐意自由地涂涂画画的，因为一笔下去纸上立刻出结果，是件很有成就感的事。

我女儿四五岁开始自己收拾行李，每次都会带上画笔和纸。在火车上可以打发时间，见到新朋友也会拿出来一起画画、做手工，大家很快就玩到一起了。

建构包（超轻黏土+磁力片）

超轻黏土很适合出行用，轻便易携带，旅途中可变着花样地随便揉捏，用来打发时间深受孩子们喜爱。

喜欢捏造型的家长可以跟着孩子一起玩儿，捏个小黄人或是小猪佩奇，还能拿着各自的作品玩角色扮演游戏。

另一种方便携带的建构材料就是磁力片了，有磁性、可片状叠加、不占空间、易收纳，而且也在孩子们最喜欢的玩具列表里。

出行时不用带上所有组件，太沉。先保证宝宝喜欢的形状都有，然后把基础组件比如正方形、三角形各备上八九片，基本就能玩起来了。

手工包（压花器+卡纸+塑料剪刀+白胶等）

手工也是超级能打发时间的装备，轻便、变化多样。

压花器、打孔器，都深受孩子们的喜欢，“咔嚓”一下，卡纸上就变出了一个洞，有的是圆形，有的是小花，有的是五角星。这让孩子们感到很神奇，于是乐此不疲地压不停。再配上塑料剪刀（请注意，是塑料刀口，这样才能通过安检）、白胶，剪剪贴贴，都是小朋友喜欢玩的活动内容。

卡纸宜选彩色的，A4大小和明信片大小的都需要，厚度最好是80克以上的（80克为普通打印纸厚度）。尺寸小一点儿、厚度厚一点儿，会更方便在旅途中使用。

万一什么都没来得及准备，还有第五章第五节的“赤手空拳也是玩具”。

其实不管是远行，还是临时外出，比如去餐馆、医院，这些出行玩具包都能派上用场，尤其是长途旅行，可以大大提高陪伴质量，减轻旅途压力。

05

爱上大自然，你需要这些神器

并非摆在商店里出售的才叫玩具，大自然中蕴含着丰富的“玩具”和玩法。我们之前之所以谈这么多人工制造的玩具，一方面是因为人类不能时时刻刻待在自然中丛林里；另一方面，人工制造的玩具是对日常生活的抽象和简化，也很有意义。

我的亲子营就开在公园里，孩子们在活动中感受四季更替，从自然中发现新奇、创造联想。

春天，孩子们看到各种各样的树木一点点吐出新芽，或是开出娇艳的花朵，由此认识了柳树、乌桕和玉兰，还有树林间连绵成片的二月兰，捡块砖头当榔头，就能把花朵拓印在纸上。

夏天，孩子们找树枝搭个遮阳篷，换上泳衣打水仗，把寂静的小河都喊醒了。

秋天，看无患子树叶一串一串渐渐变成金黄色，地上捡果子猜它们是从哪棵树上掉下来的，一起读《叶子先生》，然后做出自己的树叶画，蹲在树林间等松鼠悄悄钻出来又嗖的一下爬上了树。

冬天很冷，但是也很有趣，落在地上的无患子果实、橡子可能已经从枯叶堆里悄悄发芽了。你会发现橡子发芽扎根的方式很特别，它从果实尖儿那里冒出个嫩芽倒扎入泥土中，然后再从泥土中发出嫩叶。

这些体验很难靠室内玩具和书本阅读获得，只有在大自然中才会如此千变万化，蕴含无限可能。

所以，一定要经常带孩子到户外，到自然中去。

走进大自然，这四件物品会帮到你。

小篮子

去公园的时候随手带着，看到树枝、石头、果子、枯叶等自然之物，都可以捡来放入小篮子里。

这个篮子会慢慢成为宝宝的宝物篮子，因为这些捡来的东西通常都被孩子视为宝物，可以玩很久。

小罐子

可以用来装路上遇到的各种虫子，如蚂蚁、知了、蚯蚓，甚至壁虎。注意不要让罐子密封，需开个口透气，以免闷死小动物们。

春天收集掉落在地上的花朵时也可以用到，但要避免花朵上的水分流失。

密封袋

可以用来收集要做标本的树叶。密封袋能防止叶子上的水分流失，如果树叶敞开放在篮子里，回到家时可能已经脱水变形，很难做成标本。所以，当秋天带孩子去公园捡落叶时，备上几个密封袋，就能带回来最好的标本原材料啦。

小铲子

用来挖土的小铲子，可以说是孩子们的最爱，因为可以满足他们挖土寻宝的强烈好奇心。

不过一定要注意找合适的地方挖，比如树林里，而不要去铺好草皮的草地上乱挖，否则就是破坏绿化了。

小铲子对小宝宝们会有一点儿不安全，可以用一把大勺子替代，我亲手试过，非常好用。

主要参考书目

[1] 《伯克毕生发展心理学：从0岁到青少年（第4版）》，【美】劳拉·E·伯克（Laura E. Berk）著，陈会昌等译，中国人民大学出版社，2014年。

[2] 《普通心理学》（第5版），彭聃龄著，北京师范大学出版社，2019年。

[3] 《儿童游戏通论》，刘焱著，北京师范大学出版社，2008年。

[4] 《在游戏中发展儿童：以游戏为基础的跨学科儿童干预法》，【美】托尼·W·林德（Toni W. Linder）著，陈学锋、江泽菲等译，华东师范大学出版社，2008年。

[5] 《3～6岁儿童学习与发展指南解读》，李季湄、冯晓霞主编，人民教育出版社，2013年。

[6] 《有准备的教师：为幼儿学习选择最佳策略》，【美】安·S·爱泼斯坦（Ann S. Epstein）著，李敏谊、张晨晖、郑艳、李雅静等译，教育科学出版社，2012年。

[7] 《列奥纳多·达·芬奇传：从凡人到天才的创造力密码》，【美】沃尔特·艾萨克森（Walter Isaacson）著，汪冰译，中信出版集团，2018年。

[8] 《第56号教室的奇迹2：点燃了房子的热情》，【美】雷夫·艾斯奎斯（Rafe Esquith）著，朱衣译，中国城市出版社，2011年。

[9] 《创作性戏剧教学原理与实作》，张晓华著，上海书店出版社，2011年。

[10] 《甘蔗有多高：幼儿测量概念的学习》，台中市爱弥尔幼教机构 林意红执笔，南京师范大学出版社，2004。

[11] 《儿童的一百种语言》（第三版），【美】卡洛琳·爱德华兹，莱拉·甘第尼，乔治·福尔曼 编著，尹坚勤、王坚红、沈尹婧译，南京师范大学出版社，2014年。